# Der violette Tod, und andere Novellen

Gustav Meyrink



Alpha Editions

This edition published in 2022

ISBN : 9789356710948

Design and Setting By
**Alpha Editions**
www.alphaedis.com
Email - info@alphaedis.com

# Contents

# Das dicke Wasser

Im Ruderklub „Clia" herrschte brausender Jubel. Rudi, genannt der Sulzfisch, der zweite „Bug", hatte sich überreden lassen und sein Mitwirken zugesagt. — Nun war der „Achter" komplett. — Gott sei Dank.

Und Pepi Staudacher, der berühmte Steuermann, hielt eine schwungvolle Rede über das Geheimnis des englischen Schlages und toastierte auf den blauen Donaustrand und den alten Stefansturm (duliö, duliö). Dann schritt er feierlich von einem Ruderer zum andern, jedem das Trainingsehrenwort — vorerst das kleine — abzunehmen.

Was da alles verboten wurde, es war zum staunen! Staudacher, für den als Steuermann all dies keinerlei Geltung hatte, wußte es auswendig: „Erstens nicht rauchen, zweitens nicht trinken, drittens keinen Kaffee, viertens keinen Pfeffer, fünftens kein Salz, sechstens —— siebentens ——— achtens ———, und vor allem keine Liebe — hören Sie — keine Liebe! — weder praktische noch theoretische ————!"

Die anwesenden Klubjungfrauen sanken um einen halben Kopf zusammen, weil sie die Beine ausstrecken mußten, um ihren Freundinnen *vis-à-vis* bedeutungsvolle Fußtritte unter dem Tisch zu versetzen. Der schöne Rudi schwellte die Heldenbrust und stieß drei schwere Seufzer aus, die anderen schrien wild nach Bier, der kommenden schrecklichen Tage gedenkend.

„Eine Stunde noch, meine Herren, heute ausnahmsweise, dann ins Bett, und von morgen an schläft die Mannschaft im Bootshause."

„Mhm," brummte bestätigend der Schlagmann, trank aus und ging. „Ja, ja, der nimmt's ernst," sagten alle bewundernd. —

Spät in der Nacht traf ihn die heimkehrende Mannschaft zwar Arm in Arm mit einer auffallend gekleideten Dame in der Bretzelgasse, aber es konnte ja gerade so gut seine Schwester sein. — Wer kann denn in der Dunkelheit eine anständige Dame von einer Infektioneuse unterscheiden!

***

Der „Achter" kam dahergesaust, die Rollsitze schnarchten, die schweren Ruderschläge dröhnten über das grüne, klare Wasser.

„Jetzt kommt der Endspurt, da schauen S', da schauen S'!"

„Eins, zwei, drei, vier, fünf ———————— aha — ein Vierundvierziger!"

Staudachers Kommandogeheul ertönte: „Achtung, stopp. Achter, Sechster: zum streichen! Einser, Dreier: fort. — Ha—alt!“

Die Mannschaft stieg aus, keuchend, schweißbedeckt.

„Da schauen S' den Nummer drei, die Pratzen! Wie junge Reisetaschen, was? Überhaupt die Steuerbordseiten is gut beisamm'. — Der beste Mann im Boot ist halt doch Nummer sieben. — Ja, ja unser Siebener. Gelt, Wastl, ha, ha.“

„No, und die Haxen von Nummer acht san gar nix, was?“

„Wissen S', wievüll mür heut g'fahren san, Herr von Borgenheld?“ wandte sich Sebastian Kurzweil, der zweite Schlagmann, an den Vizeobmann, der verständnislos dem Herausheben des vierzehn Meter langen, einem Haifisch gleichenden Achtriemers zusah.

„Dreimal,“ riet der Vizeobmann.

„Wievüll, sag' ich,“ brüllte Kurzweil.

„Fünfmal,“ stotterte erschreckt Herr von Borgenheld.

„Himmelsakra!“ — der Ruderer schüttelte den Arm.

„Er meint: — >wie lang<,“ warf ein Junior ein, der schüchtern dabei stand und einen schmutzigen Fetzen in der Hand hielt.

„Ach so! — Fünf Kilometer!“

Die Mannschaft machte Miene, sich auf Herrn von Borgenheld zu stürzen. Sie hätten ihn zerrissen, da rief sie eine Serie rätselhafter Kommandos wieder an das Boot: „Mann an Rigger — aufff — auf mich (prschsch — da lief das Wasser aus dem umgewendeten Boot) — schwen— ken — fort!“

Und acht rot-weiß und spärlich bekleidete Gestalten, ohne Strümpfe und mit phantastischem Schuhwerk hantierten an dem Boot herum und schleppten es mit tiefem Ernst in den Schuppen.

„No, raten Sie jetzt!“ und der Steuermann schwenkte eine silberne Taschenuhr an einem roten Strick hin und her. „Also wieviel?“ — Der Vizeobmann aber mochte nicht mehr. Staudacher zündete sich eine Virginia an, denn ein echter Steuermann muß gewissenhaft alles tun, was gesundheitsschädlich ist, um leichter zu werden.

„Also raten Sie, Herr *Dr.* Hecht!“

„Füglich — äh — füglich — soll man die >Zeit< geheim halten,“ näselte dieser fachgewandt und zwinkerte nervös mit den Augenlidern.

„No, dann schauen Sie selbst," sagte Staudacher. Alle beugten sich vor.

„5 Minuten 32 Sekunden," kreischte der Junior und schwenkte den schmutzigen Fetzen über dem Kopf.

„Jawohl 5: 32! — Wissen Sie, was das heißt, meine Herren, 5: 32 für 2000 Meter — stehendes Wasser, ich bitte!"

„Fünfi zwoadreiß'g, fünfi zwoadreiß'g," brüllte Kurzweil, der jetzt splitternackt auf der Terrasse des Bootshauses stand, wie ein Stier herunter.

Eine wilde Begeisterung ergriff alle Mitglieder.

5: 32!!

Sogar der Obmann Schön machte einen dicken Hals und meinte, daß man selbst seinerzeit in Zürich, im Seeklub, keine bessere Zeit gefahren sei.

„Jawohl 5: 32! Und kennen Sie auch den Hamburger Rekord im Training?" fuhr Staudacher fort. —— „6 Minuten 2 Sekunden!! bei Windstille —— mir hat es ein Freund telegraphiert. —— 6: 2! ——— und wissen Sie auch, was 30 Sekunden Differenz sind? 11 Längen — klare Längen — jawohl!"

„Sie, Ihre Zeit kann absolut nich stimm'," wandte sich ein Berliner Ruderer, der als Gast zugegen war, an Staudacher, „sehen Se mal, der englische Professionalrekord is 5: 55, da wären Sie ja um 23 Sekunden besser. Nu, hören Se mal! — Überhaupt die Wiener >Zeiten< sind verflucht verdächtig, — vielleicht jehen Ihre Stoppuhren falsch!"

„Schauen S', daß S' weiter kommen, Sö — fünfifünfafufz'g Sö, — setzen S' ös in d'Lotterie dö fünfifünfafufz'g. Haben S' überhaupt an Idee — bereits —— was mür Weana für a Kraft hab'n," höhnte Kurzweil von der Terrasse, dann hob er die Arme und brüllte, wie weiland Ares im Trojanischen Krieg, daß es durch die Erlenwäldchen an den Ufern des Donaukanals gellte.

„Hören Se doch nu endlich mit dem Jebrülle auf — Sie da oben — oder wollen Se vielleicht 'n dreibänd'jes Buch über planloses Jeschrei herausjeben!" rief der Berliner ärgerlich.

„Pst, pst — nur keinen Streit," besänftigte Staudacher. — „Übrigens, meine Herren, — ich nehme heute schon die Glückwünsche zu unserem künftigen großen Siege in Hamburg entgegen. — Meine Herren, auf diesen Sieg —, meine Herren — hip — hip ——"

Die harmonischen Töne einer Drehorgel schnitten ihm die Worte ab — einen Augenblick Totenstille, dann rhythmisches Trampeln im Ankleideraum der Mannschaft und alle stimmten begeistert mit ein in das Lied:

„Dös is wos für 'n Weana,
Für a wean'risches Bluat,
Wos a wean'rischer Walzer
An 'm Weana all's tuat.“

***

Der Ausschuß des Klubs war auf dem Bahnhof versammelt und wartete auf die aus Hamburg heimkehrende Mannschaft in größter Erregung, denn in den Morgenblättern war ein schreckliches Telegramm abgedruckt gewesen:

> „Hamburg — Achterrennen um den Staatspreis. Resultate: Favorit Hammonia, Hamburg — erste: 6 Min. 2 Sek.; Ruderklub „Clia“, Wien — letzte: 6 Min. 32 Sek.
> Interessantes Rennen zwischen Favorit Hammonia, Hamburg, und Berliner Ruderklub. Wien unter acht Booten achtes, kam nie ernstlich in Betracht. Die Arbeit der Österreicher saft- und kraftlos und auffallend marionettenhaft.“

„Sehen Se wohl, was hab ich jesagt,“ höhnte der Berliner, der schon eine Stunde auf dem Perron wartete, „jerade ne janze Minute schlechtere Zeit als anjeblich hier im Training.“

„Ja, es ist schrecklich fatal,“ lispelte der Obmann, „und wir haben schon gestern Einladungen zum Siegesfest verschickt und das Bootshaus beflaggt und mit Reisig geschmückt.“

„Es muß rein etwas passiert sein,“ meinte zögernd ein alter Herr — dann schrien plötzlich alle durcheinander: „Der Nummer zwei is schuld — — der Sulzfisch, der zieht ja nicht einmal das Gewicht seiner Kappe — der ganze Kerl ist schwabberig wie Hektographenmasse.“

„Was denn Nummer zwei! Die ganze Backbordseite ist keinen Schuß Pulver wert.“

„Überhaupt der >Einsatz< fehlt. *Catch the water!* — verstehen Sie mich, — verstehen Sie Englisch? *Catch the water.* Schauen Sie her, so! *catch*, *catch*, *catch*!“

„Meine Herren, meine Herren, was nutzt das alles: *catch*, *catch*, *catch*, wenn man >Swivels< hat, wie wollen Sie da >einsetzen<. Hab' ich nicht immer gesagt: feste Dollen, was, Herr von Schwamm? — Ja, feste Dollen, haha, zu meiner Zeit: rum — bum — rum bum —“

„Hätt' alles nicht g'schadt, aber natürlich knapp vorm Training bei der Nacht mit Weibern rumlaufen, daran liegt's. Haben S' damals unsern >Stroke< g'segn in der Bretzelgass'n? Wissen S', wer die Frauensperson war? Die blonde Sportmirzl, wann Sö's no nöt kenna!"

Ein gellender Pfiff. Der Zug fährt ein.

Aus verschiedenen Coupés steigen die „Clianesen" aus. Ärgerliche Gesichter, müde, abgespannte Mienen: ——— „Träger! Träger! — Himmelsakra, sind denn keine Träger da!"

„Erzählt's doch, was ist denn g'schehn? Letzte, immer letzte?"

„Der >Sulzfisch<," murmelt Kurzweil ingrimmig.

Der schöne Rudi hat es gehört und tritt mit geschwellter Heldenbrust an ihn heran: „Mein Herr, ich bin Reserveleutnant im Artillerieregiment Nr. 23, verstehen Sie mich?" Und er zwinkert mit entzündeten Lidern, und sein Gesicht ist klebrig und rußgeschwärzt, als ob er auf einem Stempelkissen geschlafen hätte.

„Ruhe, meine Herren, Ruhe!" Staudacher ist es, der eine Flasche in der Hand hält.

„Erzählen, Staudacher, erzählen!" — Alles umdrängt ihn. Der kleine Steuermann hebt die Flasche in die Höhe, „Hier ist des Rätsels Lösung, — wissen Sie, was da drin ist? — Alsterwasser, Hamburger Alsterwasser! —— Und da drin soll unsereins rudern, wo wir an unser dünnes klares >Kaiserwasser< gewöhnt sind — net wahr, Kurzweil? Wissen S', daß dieses Alsterwasser bereits um ein Fünftel dicker ist als wie das unsrige? — [ja, wirklich, m'r siecht's] — Ich hab's selbst mit dem Aräometer g'messen, und unsere Zeit ist trotzdem nur um ein Sechstel schlechter! — Nur um ein Sechstel — meine Herren! — Hä? Hab'n S' an Idee, wie wir hier g'wonnen hätten! — Da wären die Hamburger gar net mitkommen."

Alle waren voll Bewunderung: „Nein, wirklich, alles was recht ist, unser Staudacher ist ein findiger Kopf, so einen sollen S' uns zeigen, die, die... die deutschen Brüder aus dem >Reich< ——"

„Ja, ja! — 's gibt nur a Kaiserstadt, 's gibt nur a Wean!"

---

# Die Urne von St. Gingolph

Von St. Gingolph eine halbe Wegstunde — hinter den Hügeln — liegt ein uralter Park, verwildert und einsam — auf keiner Karte vermerkt.

Vor Jahrhunderten schon mag das Schloß, das einst in seiner Mitte stand, zerfallen sein; Reste weißer Grundmauern — kaum bis zur Kniehöhe eines Mannes — ragen verloren aus dem wilden, tiefen Gras wie gebleichte gigantische Zahnstümpfe eines Ungeheuers der Vorzeit.

Alles hat achtlos die Erde verscharrt und der Wind vertragen, Namen und Wappen, Tor und Tür.

Und auf Türme und Giebel hat die Sonne gestarrt, bis alles langsam und unmerklich in Atome zerfiel — um dann als toter Staub mit dem Dunste des Tales emporzuwandern.

So ruft die zehrende Sonne die Dinge dieser Erde.

Eine verwitterte steinerne Urne, tief im Schatten von Zypressen, hat sich der Park noch bewahrt aus der Zeit eines vergessenen Lebens; die dunklen Äste haben sie verborgen vor den Ungewittern.

Neben dieser Urne warf ich mich einst ins Gras, habe auf das verdrossene Treiben der Krähen da oben in den Wipfeln gehorcht — und gesehen, wie die Blumen ernst wurden, wenn über die Sonne die Wolken ihre Hände legten; — und als schlössen sich traurig tausend Augen um mich her, war mir dann, wenn das Licht des Himmels erlosch.

Lange lag ich so und rührte mich kaum.

Die drohenden Zypressen hielten finster Wache bei der Urne, die auf mich herniedersah mit ihrem verwitterten Steingesicht wie ein Wesen ohne Atem und Herz — grau und empfindungslos.

Und meine Gedanken glitten leise in ein versunkenes Reich hinab — voll Märchenlaut und dem heimlichen Klingen metallener Saiten; — ich dachte, geschmückte Kinder müßten kommen und auf den Zehenspitzen stehend mit kleinen Händen Kieselsteine und dürres Laub in die Urne werfen.

Dann grübelte ich lange nach, warum ein schwerer Deckel auf dieser Urne lag wie eine steinerne trotzige Hirnschale, und mir wurde so eigen seltsam bei dem Gedanken, daß der Luftraum in ihr und die armseligen paar vermoderten Dinge, die sie bergen mochte, vom Herzschlag des Lebens so zwecklos und geheimnisvoll wohl für immer geschieden seien.

Ich wollte mich bewegen und fühlte, wie meine Glieder fest im Schlafe lagen und wie die farbigen Bilder der Welt langsam verblaßten.

— — — — — — — — — — — — — —
— — — — — — — — — — — — — —

Und ich träumte, die Zypressen seien jung geworden, und unmerklich schwankten sie in leisem Windhauch.

Auf der Urne schimmerte das Licht der Sterne, und der Schatten eines nackten riesigen Kreuzes, das stumm und gespenstisch aus der Erde ragte, lag wie der Eingang in einen finsteren Schacht auf dem weißen nächtlichen Glanz der Wiese.

Die Stunden schlichen, und hie und da für eine Spanne Zeit flossen leuchtende Kreise auf das Gras und über die glitzernden Dolden des wilden Fenchel, der dann zauberhaft erglühte gleich farbigem Metall — — Funken, die der Mond durch die Stämme des Waldes warf, wie er über die Hügelkämme zog.

Der Park wartete auf etwas oder auf jemand, der kommen sollte, und als vom Wege — vom Schlosse her, das in tiefer Dunkelheit versunken lag, der Kies unter Schritten leise klirrte und die Luft das Rauschen eines Kleides herübertrug, schien es mir, als streckten sich die Bäume und wollten sich vorneigen, dem Ankömmling warnende Worte zuzuraunen.

Es waren die Schritte einer jungen Mutter gewesen, die aus dem Schlosse kam, sich vor dem Kreuze niederzuwerfen, und jetzt den Fuß des Holzes verzweifelt umschlang.

Es stand aber ein Mensch im Schatten des Kreuzes, den sie nicht sah und dessen Hiersein sie nicht ahnte. Er, der ihr schlummerndes Kind in der Dämmerung aus der Wiege gestohlen hatte und hier auf ihr Kommen wartete, Stunde um Stunde — ihr Gatte, von nagendem Argwohn und quälenden Träumen aus der Ferne heimgetrieben.

Er hielt sein Gesicht an das Holz des Kreuzes gepreßt und lauschte mit angehaltenem Atem den geflüsterten Worten ihres Gebetes.

Er kannte die Seele seines Weibes und die verborgenen Triebfedern der inneren Natur und hatte gewußt, sie würde kommen. Zu diesem Kreuz. So hatte er es auch im Traume gesehen. — Sie mußte kommen, ihr Kind hier zu suchen.

Wie das Eisen zum Magnetstein muß, wie der Instinkt die Hündin ihr verlorenes Junge finden läßt, so wird dieselbe dunkle rätselhafte Kraft — und wäre es im Schlafe — auch den Fuß einer Mutter lenken — — —

Der Betenden zur Warnung rauschten die Blätter und Zweige, und der Tau der Nacht fiel auf ihre Hände. Sie aber hielt die Augen gesenkt, und ihre Sinne waren blind in Sorge und Gram um ihr verschwundenes Kind.

Darum fühlte sie nicht, daß das Kreuz nackt war und den nicht trug, zu dem sie rief, und der da gesagt hatte: Gehe hin und sündige hinfort nicht mehr.

Der aber statt Seiner die Worte ihrer Pein hörte, wollte ihr ein Beichtiger ohne Erbarmen sein.

Und sie betete und betete, und immer deutlicher formte sich ihr Flehen zu dem Geständnis — — — Siehe, Herr, nicht an meine Schuld, und wie du vergabst jener Ehebrecherin... — — da stöhnten die alten Äste laut auf in Qual und Angst und griffen wild nach dem Horcher hinter dem Kreuze und faßten seinen Mantel — — — ein Windstoß raste durch den Park.

Die letzten verräterischen Worte riß sein Sausen fort, ein haßerfülltes Ohr aber täuscht auch der Sturm nicht, und blitzartig reift zur Gewißheit, was als Argwohn lange gekeimt.

— — — — — — — — — — —

Wieder Todesstille ringsumher.

Die Beterin am Kreuz war zusammengesunken — regungslos wie in tiefem Schlafe gefangen.

Da drehte sich leise, leise der steinerne Deckel, und die Hände des Mannes leuchteten weiß aus der Dunkelheit, wie sie langsam und geräuschlos gleich großen furchtbaren Spinnen um den Rand der Urne krochen.

Kein Laut im ganzen Park. — Lähmendes Entsetzen schlich durch die Finsternis.

Linie um Linie senkten sich und schwanden die steinernen Schraubengänge.

Da traf durch das Dickicht ein winziger Mondstrahl ein Ornament der Urne und schuf auf dem geschliffenen Knauf ein glühendes, gräßliches Auge, das mit glotzendem, tückischem Blick weit aufgerissen in das Gesicht des Mannes starrte.

— — — — — — — — — — —

Von Grauen und Furcht gehetzte Füße flohen durch das Gehölz, und das Prasseln des Reisigs schreckte die junge Mutter auf.

Das Geräusch wurde schwächer, verlor sich in der Ferne und erstarb.

Sie aber achtete nicht darauf und lauschte in die Dunkelheit mit stockendem Pulse einem unmerklichen, kaum hörbaren Laut nach, der wie aus der Luft entstanden ihr Ohr getroffen hatte.

War das nicht ein leises Weinen gewesen? Ganz dicht bei ihr?

Unbeweglich stand sie und horchte und horchte mit verbissenen Lippen; ihr Ohr wurde scharf wie das Ohr eines Tieres — sie hemmte den Atem bis zum Ersticken und hörte dennoch den Hauch aus ihrem Munde wie das Rauschen des Sturmwindes; — das Herz dröhnte, und ihr Blut brauste in den Adern gleich tausend unterirdischen Quellen.

Sie hörte das Scharren der Larven in der Rinde der Bäume und die unmerkbaren Regungen der Halme.

Und die rätselhaften Stimmen der keimenden ungeborenen Gedanken des Innern, die das Schicksal des Menschen bestimmen, seinen Willen in unsichtbare Fesseln zu schlagen, und doch leiser, viel viel leiser sind als der Atem der wachsenden Pflanzen, schlugen fremdartig und dumpf an ihr Ohr.

Dazwischen ein Weinen, ein schmerzliches Weinen, das sie ganz umhüllte, das über ihr und unter ihr ertönte — in der Luft — in der Erde.

Ihr Kind weinte —— irgendwo — da — dort —— ihre Finger krampften sich in Todesangst —— Gott würde es sie wiederfinden lassen.

Ganz, ganz nahe bei ihr mußte es sein — Gott wollte sie nur prüfen — gewiß.

Jetzt klingt das Weinen näher —— und lauter; — der Wahnsinn schwingt seine schwarzen Fittiche, die den Himmel verfinstern werden —— ihr ganzes Gehirn ist ein einziger schmerzender Hörnerv.

Einen, nur einen Augenblick Erbarmen noch, o Gott, bis ihr Kind wiedergefunden ist. — Verzweifelt will sie suchend vorwärts stürmen, doch schon verschlingt das Geräusch des ersten Schrittes den feinen Laut, verwirrt das Ohr und bannt ihren Fuß an die alte Stelle.

Und hilflos muß sie stehenbleiben — regungslos wie ein Stein, um nicht jede Spur zu verlieren.

Wieder hört sie ihr Kind — jetzt schreit es nach ihr, da bricht das Mondlicht durch den Park und fließt von den Wipfeln in schimmernden Strömen; — und die Zieraten der Urne leuchten wie nasses Perlmutter.

Die Schlagschatten der Zypressen deuten: Hier, hier ist dein Kind gefangen, den Stein zertrümmere. Schnell, schnell, eh' es erstickt; — doch die Mutter hört und sieht nicht.

Ein Lichtschein hat sie betrogen, besinnungslos hat sie sich in das Dickicht gestürzt, reißt sich blutig an den Dornen und zerwühlt das Strauchwerk wie ein rasendes Tier.

— — — — — — — — — — — — —

Grausig gellt ihr Schreien durch den Park.

Und weiße Gestalten kommen aus dem Schloß und schluchzen und halten ihre Hände und tragen sie mitleidig fort.

Der Wahnsinn hat seinen Mantel über sie gebreitet, und sie starb in derselben Nacht.

Ihr Kind ist erstickt, und niemand hat den kleinen Leichnam gefunden; — die Urne hat ihn gehütet — bis er in Staub zerfiel.

Die alten Bäume haben gekrankt seit jener Nacht und sind langsam verdorrt.

Nur die Zypressen halten Leichenwacht bis zum heutigen Tag.

Nie sprachen sie ein Wort mehr und sind vor Gram starr und regungslos geworden.

Das Holzkreuz aber haben sie stumm verflucht, bis der Nordsturm kam — der riß es aus und warf es aufs Gesicht.

Die Urne wollte er zerschmettern in seiner Wut, doch das hat Gott verboten; ein Stein ist immer gerecht, und dieser da war nicht härter gewesen als ein Menschenherz.

— — — — — — — — — — —

Schwer lastet es auf meiner Brust und macht mich erwachen.

Ich sehe um mich, und der Raum unter dem Himmel ist erfüllt mit gebrochenem Licht.

Die Luft heiß und giftig.

Ängstlich scheinen die Berge zusammengerückt; — und schreckhaft deutlich jeder Baum. — Einzelne weiße Schaumstreifen jagen über das Wasser, von einer rätselhaften Kraft gehetzt; — der See ist schwarz; — wie der geöffnete Rachen eines tollen Riesenhundes liegt er unter mir.

Eine langgestreckte violette Wolke, wie ich sie noch niemals gesehen, schwebt in furchteinflößender Unbeweglichkeit hoch über dem Sturm und greift — ein gespenstischer Arm — über den Himmel.

Noch liegt wie ein Alp der Traum von der Urne auf mir, und ich fühle, das ist der Arm des Föhn — da oben — und seine ferne unsichtbare Hand tastet und sucht auf Erden nach jenem Herzen, das härter gewesen ist als Stein.

# Das ganze Sein ist flammend Leid

Um sechs Uhr ist es längst dunkel in den Sträflingszellen des Landesgerichtes, denn Kerzen sind dort nicht gestattet, und überdies war es Winterabend — neblig und sternenlos.

Der Aufseher ging mit dem schweren Schlüsselbund von Tür zu Tür, leuchtete noch einmal durch die kleinen vergitterten Ausschnitte — wie es seine Pflicht ist — und überzeugte sich, daß die Eisenstangen vorgelegt waren. — Endlich verhallte sein Schritt und die Ruhe des Jammers lag über all den Unglücklichen, die der Freiheit beraubt — immer vier beisammen — in den trostlosen Zellen auf ihren hölzernen Bänken schliefen.

Der alte Jürgen lag auf dem Rücken und blickte zu dem kleinen Kerkerfenster empor, das wie mattleuchtender Dunst aus der Finsternis schimmerte. — Er zählte die langsamen Schläge der mißtönenden Turmglocke und überlegte, was er morgen vor den Geschworenen sagen wolle, und ob er wohl freigesprochen würde.

Das Gefühl der Empörung und des wilden Hasses, daß man ihn, wo er doch vollkommen unschuldig war, so lange eingesperrt hielt, hatte ihn in den ersten Wochen bis in den Traum verfolgt, und oft hätte er vor Verzweiflung am liebsten aufgeschrien.

Aber die dicken Mauern und der enge Raum — kaum fünf Schritte lang — schlagen den Schmerz nach innen und lassen ihn nicht heraus; — dann lehnt man nur die Stirn an die Wand oder steigt auf die Holzbank, um einen Streifen blauen Himmels durch das Kerkergitter zu sehen.

Jetzt waren diese Regungen erloschen, und andere Sorgen, die der freie Mensch nicht kennt, drückten ihn nieder.

Ob er morgen freigesprochen würde oder verurteilt, regte ihn nicht einmal so sehr auf, wie er sich früher wohl gedacht hatte. — Geächtet war er, was blieb ihm da als Betteln und Stehlen!

Und fiel das Urteil, so würde er sich erhenken — bei der nächsten besten Gelegenheit — und sein Traum wäre in Erfüllung gegangen, den er in der ersten Nacht in diesen verfluchten Mauern gehabt.

Seine drei Gefährten lagen schon lange still; — sie hatten nichts Neues zu hoffen, daß sie wach geblieben wären, und die langen Freiheitsstrafen kürzt nur der Schlaf. — Er aber konnte nicht schlafen, seine trübe Zukunft und trübe Bilder der Erinnerung zogen an ihm vorbei: anfangs, als er noch ein paar Kreuzer besaß, hatte er sein Los verbessern, sich hie und da eine Wurst und etwas Milch, manchmal einen Kerzenstummel kaufen können, solange er mit Untersuchungsgefangenen beisammen bleiben durfte. —

Später hatte man ihn zu den Sträflingen gesteckt, aus Bequemlichkeitsgründen — und in diesen Zellen wird es bald Nacht — auch in der Seele.

Den ganzen langen Tag sitzt man und brütet vor sich hin, die Ellbogen auf die Knie gestützt — nur ab und zu eine Unterbrechung, wenn der Schließer die Tür öffnet und ein Sträfling schweigend den Wasserkrug bringt oder die Blechtöpfe mit den gekochten Erbsen.

Da hatte er stundenlang gegrübelt, wer den Mord wohl mochte begangen haben, und immer klarer war es ihm geworden, daß nur sein Bruder der Täter sein könnte. — Der Bursche war nicht umsonst so schnell verschwunden.

Dann dachte er wieder an die morgige Gerichtsverhandlung und den Advokaten, der ihn verteidigen sollte.

Er hielt nicht viel von ihm. Der Mann war immer so zerstreut gewesen und hatte nur mit halbem Ohr zugehört und so devot wie möglich gekatzenbuckelt, wenn der Untersuchungsrichter hinzugetreten war. — Aber offenbar gehörte das schon so mit dazu.

Jürgen hörte noch von weitem das Rasseln der Droschke, die immer um dieselbe Stunde am Gerichtsgebäude vorbeifuhr. — Wer wohl darin sitzen mochte? — Ein Arzt — ein Beamter vielleicht. — Wie scharf die Hufeisen auf dem Pflaster klangen.

— — — — — — — — — — —

Die Geschworenen hatten Jürgen freigesprochen, — — aus Mangel an Beweisen — und jetzt ging er zum letzten Male hinunter in die Zelle.

Die drei Sträflinge sahen stumpf zu, wie er mit zitternden Händen einen alten Kragen am Hemde befestigte und seinen dünnen schäbigen Sommeranzug anlegte, den ihm der Aufseher hereingebracht hatte. — Die Zuchthauskleider, in denen er acht Monate gelitten, warf er mit einem Fluche unter die Bank. — Dann mußte er in die Kanzlei beim Eingangstor — der Kerkermeister schrieb etwas in ein Buch und ließ ihn frei.

Es kam ihm alles so fremd vor auf der Straße: die eiligen Menschen, die gehen durften, wohin sie wollten, und das so selbstverständlich fanden — und der eisige Wind, der einen fast umwarf.

Vor Schwäche mußte er sich an einem Alleebaum halten, und sein Blick fiel auf die steinerne Aufschrift über dem Torbogen:

„*Nemesis bonorum custos.*" — Was das wohl heißen mag?

Die Kälte machte ihn müde; zitternd schleppte er sich zu einer Bank in den Parkgebüschen und schlief ermattet fast ohnmächtig ein.

Als er erwachte, lag er im Krankenhause — man hatte ihm den linken Fuß amputiert, der ihm erfroren war. — — — — — — — — — — —

— — — — — — — — — — — — — —

Aus Rußland waren zweihundert Gulden für ihn gekommen — wohl von seinem Bruder, den das Gewissen gemahnt haben mochte, und Jürgen mietete ein billiges Gewölbe, um Singvögel zu verkaufen.

Er lebte kümmerlich und einsam und schlief hinter einem Bretterverschlag in seinem armseligen Laden.

Wenn des Morgens die Bauernkinder in die Stadt kamen, kaufte er ihnen die kleinen Vögel um einige Kreuzer ab, die sie in Schlingen und Fallen gefangen hatten, und steckte sie zu den übrigen in die schmutzigen Käfige. — — —

Von dem eisernen Haken in der Mitte des Gewölbes hing an vier Stricken befestigt ein altes Brett herab, auf dem ein räudiger Affe kauerte, den Jürgen von seinem Nachbarn — dem Trödler — gegen einen Nußhäher eingetauscht hatte.

Tag für Tag blieben die Schuljungen stundenlang vor dem blinden Fenster stehen und starrten den Affen an, der unruhig hin und her rückte und mürrisch die Zähne fletschte, wenn ein Käufer die Tür öffnete.

Nach ein Uhr kam gewöhnlich niemand mehr, und dann saß der Alte auf seinem Schemel, blickte trübselig auf sein hölzernes Bein und brütete vor sich hin, was wohl jetzt die Sträflinge machen möchten und der Herr Untersuchungsrichter, und ob der Advokat noch immer auf dem Bauch vor ihm läge.

Wenn dann ab und zu der Polizeibeamte, der in der Nähe wohnte, vorüberging, wäre er am liebsten aufgesprungen, um ihm ein paar mit der Eisenstange da über seine bunten Schandlappen zu hauen.

O Gott, daß doch das Volk einmal aufstünde und die Schurken erschlüge, die arme Teufel einfangen und für Taten bestrafen, die sie selbst insgeheim und mit Lust begehen.

An den Wänden übereinandergeschichtet standen die Käfige bis fast zur Decke, und die kleinen Vögel flatterten, wenn man ihnen zu nahe kam. — Viele saßen ganz traurig und still und lagen frühmorgens mit eingesunkenen Augen tot auf den Rücken.

Jürgen warf sie dann achtlos in den Schmutzkübel — sie kosteten ja nicht viel — und da es Singvögel waren, hatten sie auch kein schönes Gefieder, das man noch hätte verwenden können.

Ruhig war es eigentlich im Laden nie — ein ewiges Scharren und Kratzen und leises Piepsen — doch das hörte der Alte nicht — er war zu sehr daran gewöhnt. — Auch der unangenehme faule Geruch störte ihn nicht weiter.

— — — — — — — — — — —

Einmal hatte ein Student eine Elster verlangt, und als er fort war, bemerkte er Jürgen, dem an diesem Tage ganz eigentümlich zumute war, daß der Käufer ein Buch hatte liegen lassen.

Obwohl es deutsch war, wenn auch aus dem Indischen übersetzt, wie es auf dem Titelblatte hieß, verstand er doch so wenig davon, daß er den Kopf schütteln mußte. — Nur eine Strophe las er immer wieder flüsternd durch, weil sie ihn so schwermütig stimmte:

Das ganze Sein ist flammend Leid.
Wer dies mit weisem Sinne sieht,
Wird bald des Leidensleben satt.
Das ist der Weg zur Läuterung!

Als dann sein Blick auf die vielen kleinen Gefangenen fiel, die elend in den engen Käfigen saßen, zog es ihm das Herz zusammen und er fühlte mit ihnen, als ob auch er ein Vogel sei, der um seine verlorenen Fluren trauert.

Ein tiefer Schmerz zog in seine Seele, daß ihm die Tränen in die Augen traten. — Er gab den Tieren frisches Wasser und schüttete ihnen neues Futter zu, was er sonst nur frühmorgens tat.

Dabei mußte er der grünen, rauschenden Wälder im goldenen Sonnenglanz gedenken, die er schon lange vergessen hatte wie alte Märchen aus früher Jugend.

Eine Dame in Begleitung eines Dieners, der ein paar Nachtigallen trug, störte ihn in seinen Erinnerungen.

„Ich habe diese Vögel bei Ihnen gekauft," sagte sie, „da sie aber zu selten singen, müssen Sie mir sie blenden."

„Was? blenden?" stotterte der Alte.

„Ja, — blenden. — Die Augen ausstechen oder brennen, oder wie man das macht. — Sie als Vogelhändler müssen das doch besser verstehen. — Sollten auch vielleicht ein paar eingehen, so schadet das nichts, ersetzen Sie mir die fehlenden Stücke einfach durch andere. — Und schicken Sie sie mir bald zu. — Meine Adresse wissen Sie doch? — Adieu."

Jürgen dachte noch lange nach und ging nicht schlafen.

Die ganze Nacht saß er auf seinem Schemel — stand auch nicht auf, als der Nachbar — der Trödler —, den es befremdete, daß der Laden so lange offen blieb, an die Fensterscheibe klopfte.

Er hörte es in der Dunkelheit in den Käfigen flattern und hatte die Empfindung, als ob kleine weiche Fittiche an sein Herz schlügen und um Einlaß bäten.

Als der Morgen graute, öffnete er die Tür, ging ohne Hut bis auf den öden Marktplatz und sah lange in den erwachenden Himmel.

Dann kehrte er still zurück in seinen Laden, machte langsam die Käfige auf — einen nach dem andern — und wenn ein Vogel nicht sogleich herausflog, holte er ihn mit der Hand aus dem Bauer.

Da flatterten sie in dem alten Gewölbe umher, alle die kleinen Nachtigallen, Zeisige und Rotkehlchen, bis Jürgen lächelnd die Tür öffnete und sie ins Freie, in die luftige, göttliche Freiheit ließ.

Er sah ihnen nach, bis er sie aus den Augen verlor, und dachte an die grünen, rauschenden Wälder im goldenen Sonnenglanz.

Den Affen band er los, nahm das Brett von der Decke, daß der große eiserne Haken freiwurde.

Den Strick, den er daran hängte, wand er zu einer Schlinge und legte sie sich um den Hals. — Nochmals zog der Satz aus dem Buche des Studenten durch seinen Sinn, dann stieß er mit dem Stelzfuß den Schemel unter sich fort, auf dem er stand — — — — — — — — — —

---

# Das Automobil

„Sie erinnern sich meiner wohl gar nicht mehr, Herr Professor?! Zimt ist mein Name, Tarquinius Zimt; vor wenigen Jahren noch war ich Ihr Schüler in Physik und Mathematik —“

Der Gelehrte drehte die Visitkarte unschlüssig hin und her und heuchelte verlegen eine Miene des Wiedererkennens.

„— und da ich gerade durch Greifswald komme, wollte ich die Gelegenheit, Ihnen einen Besuch abstatten zu können, nicht versäumen —“

(Einige Minuten verstrichen in peinlichem Stillschweigen.)

„— — ehüm — — — nicht versäumen...“

Mißbilligend musterte der Professor den Lederanzug des jungen Mannes. „Sie sind wohl Walfischfänger?“ fragte er mit leisem Spott und tippte seinem Besuch auf den Ärmel.

„Nein, Automobilist; ich selbst habe die bekannte Automobilmarke >Zimt< — — —“

„Also Schauspieler!“ unterbrach ungeduldig der Gelehrte; „aber weshalb haben Sie denn früher Physik und Mathematik studiert? Wohl umgesattelt, junger Freund, umgesattelt!? Nun sehen Sie!“

„Aber keineswegs, Herr Professor, keineswegs. Im Gegenteil. Sozusagen im Gegenteil! Ich bin Konstrukteur von Automobilen — — von Motoren — von Benzinmotoren, — Ingenieur — —!“

„Ah, Sie stellen die Phantasiebilder für die Kinematographen zusammen, ich verstehe. Aber das kann man doch nicht Ingenieur nennen!“

„Nein, nein, ich baue selber Automobile. Oder Kraftfahrzeuge, wenn Ihnen dieses Wort lieber ist. Wir verkaufen jährlich bereits — — —“

„Ich darf beide Namen, mein lieber Herr Zimt, Automobil und Kraftfahrzeug, nicht gelten lassen; denn weder kann so eine Maschine sich vom Fleck fortbewegen — diese Bedeutung soll doch wohl im Worte Automobil liegen — noch ist aus demselben Grunde der Ausdruck Fahrzeug zulässig,“ sagte der Gelehrte.

„Wie meinen Sie das: >kann sich nicht vom Fleck fortbewegen<? Vielleicht nur noch zehn Jahre, und wir werden überhaupt kein anderes Landfuhrwerk mehr benutzen. Fabrik um Fabrik wächst aus dem Boden, und wenn es auch vielleicht in Greifswald noch kein Automobil gibt, so — — —“

„Sie sind ein Phantast, junger Mann, und verlieren den Boden der Wirklichkeit unter den Füßen! Frönen Sie wohl gar dem Spiritismus? In der Tat wohl das bedauerlichste Zeichen unserer Zeit, immer wieder das Gespenst des Perpetuum mobile unerfreulicherweise sein häßliches Haupt erheben sehen zu müssen. Rein als ob die Lehrsätze der Physik gar nicht existierten. Traurig, fürwahr sehr traurig! Und auch Sie, obschon noch vor wenigen Jahren mein Schüler, konnten den klaren, besonnenen Weg unserer Wissenschaft verleugnen, um den schwülen Fieberphantasien roher, gedankenloser Empirie nachzujagen! Nun ja, mag wohl das heutige Treiben der Großstadt erschlaffend auf die Denkkraft unserer Jugend wirken, aber bis zum krassen Aberglauben, bis zur Wahnidee, man könne mittels Benzinmotoren einen Wagen von der Stelle bewegen, ist denn doch ein gewaltiger Schritt. So sollte man wenigstens glauben!“ Und erregt putzte der Gelehrte seine Brillengläser.

Tarquinius Zimt war fassungslos.

„Aber um Gottes willen, Herr Professor! Sie werden doch nicht die Existenz der Motorwagen leugnen wollen. Heute, wo bereits viele Tausende im Verkehr sind! Wo jeder Monat eine Neuerung brachte. Ich selber bin doch mit meinem Automobil, einem fünfzigpferdekräftigen >Zimt<, den ich selber konstruiert und gebaut habe, von Florenz hierher gefahren! — Wenn Sie einen Blick aus dem Fenster werfen wollen, können Sie es vor dem Haustor stehen sehen. Um Gottes willen! Ich sage nur: um Gottes willen!“

„Junger Freund, *omnia mea mecum porto*, wie der Lateiner so trefflich sagt. Ich sehe keinen zureichenden Grund, aus dem Fenster zu blicken; und weshalb auch — trage ich doch den alles umfassenden mathematischen Verstand stets in mir. — Dem schwankenden Boden der Sinneswahrnehmung sich anvertrauen? Sagt mir nicht mehr — mehr, als die Sinne je vermögen — die schlichte Formel, die jedes unmündige Schulkind begreift — gewiß sind Sie ihrer noch aus der Studienzeit froh eingedenk! — die Formel:

$$M = \mu \int p \, d \, F \, y = 2\mu \, r^2 \, l \int_0^{\varphi^0} p \, d \, \varphi^1$$

$$= 2 \, \pi \, Pr \frac{\sin \varphi^0}{\varphi^0 + \sin \varphi^0 \cos \varphi^0}$$

und so weiter! Nun sehen Sie?“

„Das hilft nun aber alles nichts,“ antwortete gereizt der Ingenieur, „denn ich selber bin mit meinem Automobil von Florenz bis Greifswald — bis vor Ihr Haus gefahren!“

„— und wenn selbst die zitierte Formel nicht wäre," fuhr der Gelehrte unbeirrt fort, „deren Ergebnis hinsichtlich des sogenannten zylindrischen Zapfens gewiß das noch günstigst Zulässige ist, indem die mit der Verminderung des Umschlingungsbogens der Lagerschale verknüpfte Steigerung der Flächenpressung nicht auf eine Erhöhung von $\mu$ hinwirkt und, insoweit sie überhaupt zulässig erscheint, den Aufwand zur Überwindung der Reibung bei $\varphi_0 < \pi / 2$ verringert, gäbe es noch eine Reihe wirksamer Einwürfe, deren jeder einzelne die reine Möglichkeit denkbaren Gelingens — —"

„Aber um Gottes willen, Herr Professor —"

„Pardon! — — — die reine Möglichkeit denkbaren Gelingens in überaus in die Augen springender Weise entkräften müßte. Wie könnte es, um laienhaft zu sprechen, beispielsweise in das Bereich mechanischer Möglichkeiten verlegt werden, der durch die schnell aufeinanderfolgenden Benzingasgemischexplosionen in den Zylindern *a*, *b*, *c*, *d* stets anwachsenden beträchtlichen Erhitzung und hierdurch resultierenden Ausdehnung und wiederum hieraus sich ergebenden Anpressung an die Zylinderwände bis zur Unbeweglichkeit des metallischen Kolbenmaterials anders als durch immerwährende großmengige Zufuhr behufs ausreichender Kühlung stets neu zu beschaffenden Wasserquantitäten, was wiederum angesichts des verkehrten Verhältnisses des Gewichtes zum Krafteffekte des Motors das Resultat des Versuches im negativen Sinne klar zutage treten läßt, vorzubeugen? — Fassen wir ferner — — —"

„Ich bin von Florenz bis Greifswald gefahren —," warf verbissen der andere ein.

„— — fassen wir ferner unter Zugrundelegung der Formel:

$$P = \left(\frac{n}{30}\right)^2 r \left(\cos\varphi \pm \frac{r}{e}\cos 2\varphi\right)(G_1 + G_2) + \left(\frac{n}{30}\right)^2 r\, G_3 \cos\varphi$$

ins Auge, daß durch Erzitterungen und sonstige der Ruhe des Ganges nachteilige Schwingungen infolge ihrer eigenartigen zur Wachrufung von Massenkräften unliebsame Veranlassung gebende Bewegungen von Maschinenteilen, in diesen, seien sie auch elastisch, fortgesetzt Formveränderungen vor sich gehen müssen, so ergibt sich — — —"

„Ich bin aber dennoch von Florenz bis Greifswald gefahren!"

„— — — Formveränderungen vor sich gehen müssen, so ergibt sich — — — —"

„Ich — bin — aber — von — Florenz bis Greifswald ge—fah—ren!“

Der Gelehrte warf einen verweisenden Blick über seine Brille auf den Sprecher. „Es könnte mich nichts hindern — gestützt auf zwingende mathematische Formeln —, meinen Zweifel an Ihren Aussagen mit direkten Worten Ausdruck zu verleihen, doch ziehe ich es vor, nach Art der alten Griechen lieber alles Verletzende zu vermeiden, und will bloß, wie schon Parmenides, hervorheben, daß es dem Weisen nicht zukommt, seinen eigenen Sinnen, geschweige denn denen eines Fremden, irgendwelche Beweiskraft einzuräumen.“

Tarquinius Zimt dachte einen Augenblick nach, dann griff er in die Tasche und reichte dem Professor schweigend einige Photographien.

Dieser betrachtete sie nur flüchtig und sagte: „Nun, und Sie glauben, junger Freund, durch derlei Lichtbilder von scheinbar in Fahrt befindlichen Automobilen die Gesetze der Mechanik in Mißkredit bringen zu können!? — Ich erinnere nur der Ähnlichkeit der Fälle wegen an die Abbildungen animistischer Phänomene durch Crookes, Lombroso, Ochorowicz, Mendelejeff! Wie genau versteht man heutzutage solche Photographien durch allerlei Kunstgriffe hinsichtlich des wahren Tatbestandes täuschend zu gestalten. Im übrigen, wußte nicht schon Heraklit, daß nach den Gesetzen der Logik ein abgeschossener Pfeil auf jedem mathematischen Punkte seiner Flugbahn sich in vollkommener Ruhe befindet? Nun, sehen Sie! Und mehr als das — im übertragenen Sinne — können auch im besten Falle Ihre Lichtbilder nicht beweisen.“

In den Augen des Ingenieurs glomm eine tückische Freude. „Gewiß werden Sie mir als Ihrem ehemaligen, Sie so sehr bewundernden Schüler, hochgeehrter Herr Professor, die Bitte aber nicht abschlagen,“ sagte er mit heuchlerischer Miene, „mein vor Ihrem Hause stehendes Automobil wenigstens anzusehen?“

Der Gelehrte nickte gütig, und beide begaben sich auf die Straße.

Eine Menge Menschen umstand den Wagen.

Tarquinius Zimt zwinkerte seinem Chauffeur zu. „Ignaz! Der Herr Professor möchte unser Automobil besichtigen, zeigen Sie doch mal die Maschine.“

Der Mechaniker, in der Meinung, es handle sich um einen Verkauf des Wagens, begann eine Lobeshymne:

„Hundertfünfzig Kilometer können wir mit unserem >Zimt< machen, und von Florenz bis hierher haben wir nicht einen einzigen Defekt gehabt. Wir fahren — —“

„Lassen Sie das nur, guter Mann,“ wehrte der Professor überlegen ab.

Der Chauffeur klappte die Haube des Motors auf, daß die Maschine frei lag, und erklärte die Bestandteile.

„Wie bringen Sie, Herr Professor,“ fragte Tarquinius Zimt mit verhaltenem Spott, „eigentlich die Tatsache, daß heute von den Fabriken Daimler, Benz, Dürkopp, Opel, Brasier, Panhard, Fiat und so weiter und so weiter Tausende solcher Wagen gebaut werden, mit Ihrer Behauptung, die Maschinen könnten unmöglich funktionieren, in Einklang? Übrigens, Ignaz, lassen Sie den Motor angehen!“

„In Einklang? Junger Freund, ich bin lediglich Fachgelehrter, und so interessant die Lösung dieser Frage einem Psychologen dünken mag, so wenig, ich muß es gestehen, liegt es mir zu wissen am Herzen, aus welchen Gründen wohl diese Fabriken solch anscheinend müßiger Beschäftigung frönen mögen.“

Das Schwirren des leerlaufenden Motors unterbrach die Rede des Professors. Die Menschenmenge wich einen Schritt zurück.

Tarquinius Zimt grinste. „Also Sie glauben noch immer nicht, daß der Wagen fahren wird, Herr Professor? Ich brauche nur diesen Hebel anzuziehen, die Kuppelung setzt ein, und das Automobil saust mit hundertfünfzig Kilometer Geschwindigkeit dahin.“

Der Gelehrte lächelte mild. „Oh, Sie jugendlicher Schwärmer! Nichts dergleichen kann sich ereignen. Unter dem Drucke der Explosion — die Festigkeit der Kuppelung vorausgesetzt — werden vielmehr augenblicklich die Zylinder *a*, *b* und *d* springen. Mutmaßlich bleibt hingegen der Zylinder *c* unversehrt nach der Formel — nach der Formel — wie lautet sie doch nur! — — nach der Formel — —“

„— Los,“ jauchzte Zimt, „los! Fahren sie los, Ignaz!“

Der Chauffeur zog den Hebel an.

Da! — Ein lauter, dreifacher Knall — und die Maschine steht still!

Tumult!

Ignaz springt aus dem Wagen. Lange Untersuchung. Da! die Zylinder eins, zwei und vier sind geborsten! Geborsten in einer Weise, wie niemals Zylinder, und wenn Nitroglyzerin in ihnen gewesen wäre, bersten können.

Mit glanzlosem Blick starrt der Professor ins Weite, seine Lippen bewegen sich murmelnd: „Warten Sie, nach der Formel — — nach der Formel —“

Zimt faßt ihn am Arm und schüttelt ihn — weint fast vor Wut. „Es ist unerhört, unglaublich; seit es ein Automobil gibt, ist so etwas noch nicht vorgekommen. Es ist hirnverbrannt. Zum Verstandverlieren. Ich telegraphiere sofort um Ersatzzylinder. — Das geht so nicht, Sie müssen sich mit eigenen Augen hier überzeugen, Sie müssen!“

Ärgerlich reißt sich der Gelehrte los: „Junger Mann, das geht zu weit, Sie vergessen sich. — Glauben Sie wirklich, ich hätte Zeit übrig, Ihren kindischen Versuchen ein zweites Mal beizuwohnen! Sind Sie denn noch immer nicht überzeugt? Danken Sie lieber Ihrem Schöpfer, daß es nicht ärger ausfiel, Maschinen lassen nicht mit sich spaßen. Nun sehen Sie!“

Und er eilt ins Haus.

Noch einmal dreht er sich im Tor um, erhebt abweisend den Finger und ruft zürnend zurück:

„*Sunt pueri pueri, pueri puerilia tractant.*“

# Blamol

„Wahrhaftiglich, ohne Betrug und gewiß, ich sage dir: So wie es unten ist, ist es auch oben.“

Tabula smaragdina.

Der alte Tintenfisch saß auf einem dicken blauen Buch, das man in einem gescheiterten Schiffe gefunden hatte, und sog langsam die Druckerschwärze heraus.

Landbewohner haben gar keinen Begriff, wie beschäftigt so ein Tintenfisch den ganzen Tag über ist.

Dieser da hatte sich auf Medizin geworfen, und von früh bis Abend mußten die beiden armen kleinen Seesterne — weil sie ihm soviel Geld schuldig waren — umblättern helfen.

Auf dem Leibe — dort wo andere Leute die Taille haben — trug er einen goldenen Zwicker — ein Beutestück. Die Gläser standen weit ab — links und rechts —, und wer zufällig durchsah, dem wurde gräßlich schwindelig.

— — — — Tiefer Friede lag ringsum. — —

Mit einemmal kam ein Polyp angeschossen, die sackförmige Schnauze vorgestreckt, die Fangarme lang nachschleppend wie ein Rutenbündel, und ließ sich neben dem Buche nieder. — Wartete, bis der Alte aufschaute, grüßte dann sehr tief und wickelte eine Zinnbüchse mit eingepreßten Buchstaben aus sich heraus.

„Sie sind wohl der violette Pulp aus dem Steinbuttgäßchen?“ fragte gnädig der Alte. „Richtig, richtig, habe ja Ihre Mutter gut gekannt — geborene >von Octopus<. (Sie, Barsch, bringen Sie mir mal den Gothaschen Polypenalmanach her.) Nun, was kann ich für Sie tun, lieber Pulp?“

„Inschrift — ehüm, ehüm — Inschrift — lesen,“ hüstelte der verlegen (er hatte so eine schleimige Aussprache) und deutete auf die Blechbüchse.

Der Tintenfisch stierte auf die Dose und machte gestielte Augen wie ein Staatsanwalt: „Was sehe ich — Blamol!? — Das ist ja ein unschätzbarer Fund. — Gewiß aus dem gestrandeten Weihnachtsdampfer? — Blamol — das neue Heilmittel — je mehr man davon nimmt, desto gesünder wird man!

Wollen das Ding gleich öffnen lassen. Sie, Barsch, schießen Sie einmal zu den zwei Hummern rüber — Sie wissen doch, Korallenbank, Ast *II*, Brüder Scissors — aber rasch.“

Kaum hatte die grüne Seerose, die in der Nähe saß, von der neuen Arznei gehört, huschte sie sogleich neben den Polypen: —— Ach, sie nahm so gerne ein; — ach, für ihr Leben gern!

Und mit ihren vielen hundert Greifern führte sie ein entzückendes Gewimmel auf, daß man kein Auge von ihr abwenden konnte.

Hai—fisch! — war sie schön! Der Mund ein bißchen groß zwar, doch das ist gerade bei Damen so pikant.

Alle waren vergafft in ihre Reize und übersahen ganz, daß die beiden Hummern schon angekommen waren und emsig mit ihren Scheren an der Blechbüchse herumschnitten, wobei sie sich in ihrem tschnetschenden Dialekt unterhielten.

Ein leiser Ruck, und die Dose fiel auseinander.

Wie ein Hagelschauer stoben die weißen Pillen heraus und — leichter als Kork — verschwanden sie blitzschnell in die Höhe.

Erregt stürzte alles durcheinander: „Aufhalten, aufhalten!"

Aber niemand hatte rasch genug zugreifen können. Nur der Seerose war es geglückt, noch eine Pille zu erwischen und sie schnell in den Mund zu stecken.

Allgemeiner Unwillen; — am liebsten hätte man die Brüder Scissors geohrfeigt.

„Sie, Barsch, Sie haben wohl auch nicht aufpassen können? — Wozu sind Sie eigentlich Assistent bei mir?!"

War das ein Schimpfen und Keifen! Bloß der Pulp konnte kein Wort herausbringen, hieb nur wütend mit den geballten Fangarmen auf eine Muschel, daß das Perlmutter krachte.

Plötzlich trat Totenstille ein: — Die Seerose!

Der Schlag mußte sie getroffen haben: sie konnte kein Glied rühren. Die Fühler weit von sich gestreckt, wimmerte sie leise.

Mit wichtiger Miene schwamm der Tintenfisch hinzu und begann eine geheimnisvolle Untersuchung. Mit einem Kieselstein schlug er gegen einen oder den anderen Fühler oder stach hinein. (Hm, hm, Babynskisches Phänomen, Störung der Pyramidenbahnen.)

Nachdem er schließlich mit der Schärfe seines Flossensaumes der Seerose einige Male kreuz und quer über den Bauch gefahren war, wobei seine Augen einen durchdringenden Blick annahmen, richtete er sich würdevoll auf und sagte: „Seitenstrangsklerose. — Die Dame ist gelähmt."

„Ist noch Hilfe? Was glauben Sie? Helfen Sie, helfen Sie — ich schieß rasch in die Apotheke,“ rief das gute Seepferd.

„Helfen?! — Herr, sind Sie verrückt? Glauben Sie vielleicht, ich habe Medizin studiert, um Krankheiten zu heilen?“ Der Tintenfisch wurde immer heftiger. „Mir scheint, Sie halten mich für einen Barbier, oder wollen Sie mich verhöhnen? Sie, Barsch — Hut und Stock — ja!“

Einer nach dem andern schwamm fort: „Was einen hier in diesem Leben doch alles treffen kann, schrecklich — nicht?“

Bald war der Platz leer, nur hin und wieder kam der Barsch mürrisch zurück, nach einigen verlorenen oder vergessenen Dingen zu suchen.

***

Auf dem Grunde des Meeres regte sich die Nacht. Die Strahlen, von denen niemand weiß, woher sie kommen und wohin sie entschwinden, schwebten wie Schleier in dem grünen Wasser und schimmerten so müde, als sollten sie nie mehr wiederkehren.

Die arme Seerose lag unbeweglich und sah ihnen nach in herbem Weh, wie sie langsam, langsam in die Höhe stiegen.

Gestern um diese Zeit schlief sie schon längst, zur Kugel geballt, in sicherem Versteck. — Und jetzt? — Auf offener Straße umkommen zu müssen, wie ein — Tier! — Luftperlen traten ihr auf die Stirne.

Und morgen ist Weihnachten!!

An ihren fernen Gatten mußte sie denken, der sich, Gott weiß wo, herumtrieb. — Drei Monate nun schon Tangwitwe! Wahrhaftig, es wäre kein Wunder gewesen, wenn sie ihn hintergangen hätte.

Ach, wäre doch wenigstens das Seepferd bei ihr geblieben! —

Sie fürchtete sich so! —

Immer dunkler wurde es, daß man kaum mehr die eigenen Fühler unterscheiden konnte.

Breitschultrige Finsternis kroch hervor hinter Steinen und Algen und fraß die verschwommenen Schatten der Korallenbänke.

Gespenstisch glitten schwarze Körper vorüber — mit glühenden Augen und violett aufleuchtenden Flossen. — Nachtfische! — Scheußliche Rochen und Seeteufel, die in der Dunkelheit ihr Wesen treiben. Mordsinnend hinter Schiffstrümmern lauern.

Scheu und leise wie Diebe öffnen die Muscheln ihre Schalen und locken den späten Wanderer auf weichen Pfühl zu grausigem Laster.

In weiter Ferne bellt ein Hundsfisch.

——— Da zuckt durch die Ulven heller Schein: Eine leuchtende Meduse führt trunkene Zecher heim; — Aalgigerln mit schlumpigen Muränendirnen an der Flosse.

Zwei silbergeschmückte junge Lachse sind stehengeblieben und blicken verächtlich auf die berauschte Schar. Wüster Gesang erschallt:

„In dem grünen Tange
hab' ich sie gefragt,
Ob sie nach mir verlange. ——

Ja, hat sie gesagt.
Drauf hat sie sich gebückt —
und ich hab' sie gezwickt.
Ach im grünen Tange..."

„No, no, aus dem Weg da, Sö — Sö Frechlachs — Sö," brüllt ein Aal plötzlich.

Der Silberne fährt auf: „Schweigen Sie! Sie haben's nötig, weanerisch zu reden. Glauben wohl, weil Sie das einzige Viech sind, das nicht im Donaugebiet vorkommt ——"

„Pst, pst," beschwichtigt die Meduse, „schämen Sie sich doch, schauen Sie dorthin!"

Alle verstummen und blicken voll Scheu auf einige schmächtige, farblose Gestalten, die sittsam ihres Weges ziehen.

„Lanzettfischchen," flüsterte einer.

? ? ? ? ?

——— „Oh, das sind hohe Herren — Hofräte, Diplomaten und so. — Ja die sind schon von Geburt dazu bestimmt; wahre Naturwunder: haben weder Gehirn noch Rückgrat."

Minuten stummer Bewunderung, dann schwimmen alle friedlich weiter.

Die Geräusche verhallen. — Totenstille senkt sich nieder.

Die Zeit rückt vor. — Mitternacht, die Stunde des Schreckens.

Waren das nicht Stimmen? — Krevetten können es doch nicht sein, — jetzt so spät?!

Die Wache geht um: Polizeikrebse!

Wie sie scharren mit gepanzerten Beinen, über den Sand knirschend ihren Raub in Sicherheit bringen.

Wehe, wer ihnen in die Hände fällt; — vor keinem Verbrechen scheuen sie zurück — — und ihre Lügen gelten vor Gericht wie Eide.

Sogar der Zitterrochen erbleicht, wenn sie nahen.

Der Seerose stockt der Herzschlag vor Entsetzen, sie, eine Dame, wehrlos, — auf offenem Platze! — Wenn sie sie erblicken! Sie werden sie vor den Polizeirat, den schurkischen Meineidskrebs, schleppen — den größten Verbrecher der Tiefsee — und dann — und dann — —

Sie nähern sich ihr — — jetzt — — ein Schritt noch, und Schande und Verderben werden die Fänge um ihren Leib schlagen.

Da erbebt das dunkle Wasser, die Korallenbäume ächzen und zittern wie Tang, ein fahles Licht scheint weithin.

Krebse, Rochen, Seeteufel ducken sich nieder und schießen in wilder Flucht über den Sand, Felsen brechen und wirbeln in die Höhe.

Eine bläulich gleißende Wand — so groß wie die Welt — fliegt durch das Meer.

Näher und näher jagt der Phosphorschein: die leuchtende Riesenflosse der Tintorera, des Dämons der Vernichtung, fegt einher und reißt abgrundtiefe glühende Trichter in das schäumende Wasser.

Alles dreht sich in rasender Hast. Die Seerose fliegt durch den Raum in brausende Weiten, hinauf und hinab — über Länder von smaragdenem Gischt.

Wo sind die Krebse, wo Schande und Angst! Das brüllende Verderben stürmt durch die Welt. — Ein Bacchanal des Todes, ein jauchzender Tanz für die Seele.

Die Sinne erlöschen, wie trübes Licht.

Ein furchtbarer Ruck. — Die Wirbel stehen, und schneller, schneller, immer schneller und schneller drehen sie sich zurück und schmettern auf den Grund, was sie ihm entrissen.

Mancher Panzer brach da.

Als die Seerose nach dem Sturze endlich aus tiefer Ohnmacht erwachte, fand sie sich auf weiche Algen gebettet.

Das gute Seepferd — es war heute gar nicht ins Amt gegangen — beugte sich über das Lager.

Kühles Morgenwasser umfächelte ihr Gesicht, sie blickte um sich. Schnattern von Entenmuscheln und das fröhliche Meckern einer Geisbrasse drang an ihr Ohr.

„Sie befinden sich in meinem Landhäuschen," beantwortete das Seepferd ihren fragenden Blick und sah ihr tief in die Augen. „Wollen Sie nicht weiter schlafen, gnädige Frau, es würde Ihnen gut tun!"

Die Seerose konnte aber beim besten Willen nicht. Ein unbeschreibliches Ekelgefühl zog ihr die Mundwinkel herunter.

„War das ein Unwetter heute nacht; mir dreht sich noch alles vor den Augen von dem Gewirbel," fuhr das Seepferd fort. „Darf ich Ihnen übrigens mit Speck — so einem recht fetten Stückchen Matrosenspeck aufwarten?"

Beim bloßen Hören des Wortes Speck überkam die Seerose eine derartige Übelkeit, daß sie die Lippen zusammenpressen mußte. — Vergebens. Ein Würgen erfaßte sie (diskret blickte das Seepferd zur Seite), und sie mußte erbrechen. Unverdaut kam die Blamolpille zum Vorschein, stieg mit Luftblasen in die Höhe und verschwand.

Gott sei Dank, daß das Seepferd nichts bemerkt hatte.

Die Kranke fühlte sich plötzlich wie neugeboren.

Behaglich ballte sie sich zusammen.

O Wunder, sie konnte sich wieder ballen, konnte ihre Glieder bewegen wie früher.

Entzücken über Entzücken!

Dem Seepferd traten vor Freude Luftbläschen in die Augen. „Weihnachten, heute ist wirklich Weihnachten," jubelte es ununterbrochen, „und das muß ich gleich dem Tintenfisch melden; Sie werden sich unterdessen recht, recht ausschlafen."

„Was finden Sie denn so Wunderbares an der plötzlichen Genesung der Seerose, mein liebes Seepferd?" fragte der Tintenfisch und lächelte mild. „Sie sind ein Enthusiast, mein junger Freund! Ich rede zwar sonst prinzipiell mit Laien (Sie, Barsch, einen Stuhl für den Herrn) nicht über die medizinische Wissenschaft, will aber diesmal eine Ausnahme machen und trachten, meine Ausdrucksweise Ihrem Auffassungsvermögen möglichst anzupassen. Also, Sie halten Blamol für ein Gift und schieben seiner Wirkung die Lähmung zu. Oh, welcher Irrtum! Nebenbei bemerkt ist Blamol längst abgetan, es ist ein Mittel von gestern, heute wird allgemein Indiotinchlorür angewandt (die Medizin schreitet nämlich unaufhaltsam vorwärts). Daß die Erkrankung mit dem Schlucken der Pille zusammentraf, war bloßer Zufall — alles ist bekanntlich Zufall —, denn erstens hat Seitenstrangsklerose ganz andere

Ursachen, die Diskretion verbietet mir, sie zu nennen, und zweitens wirkt Blamol wie alle diese Mittel gar nicht beim Einnehmen, sondern lediglich beim Ausspucken. Auch dann natürlich nur günstig.

Und was endlich die Heilung anbelangt? — Nun, da liegt ein deutlicher Fall von Autosuggestion vor. — In Wirklichkeit (Sie verstehen, was ich meine: >Das Ding an sich< nach Kant) ist die Dame genau so krank wie gestern, wenn sie es auch nicht merkt. Gerade bei Personen mit minderwertiger Denkkraft setzen Autosuggestionen so häufig ein. — Natürlich will ich damit nichts gesagt haben — Sie wissen wohl, wie hoch ich die Damen schätze: >Ehret die Frauen, sie flechten und weben — — — < — Und jetzt, mein junger Freund, genug von diesem Thema, es würde Sie nur unnötig aufregen. — A propos, — Sie machen mir doch abends das Vergnügen? Es ist Weihnacht und — meine Vermählung."

„Wa—? — Vermä— — —," platzte das Seepferd heraus, faßte sich aber noch rechtzeitig: „Oh, es wird mir eine Ehre sein, Herr Medizinalrat."

„Wen heiratet er denn?" fragte es beim Hinausschwimmen den Barsch. — „Was Sie nicht sagen: die Miesmuschel?? — Warum nicht gar! — Schon wieder so eine Geldheirat."

Als abends die Seerose, etwas spät, aber mit blühendem Teint an der Flosse des Seepferdes in den Saal schwamm, wollte der Jubel kein Ende nehmen. Jeder umarmte sie, selbst die Schleierschnecken und Herzmuscheln, die als Brautjungfern fungierten, legten ihre mädchenhafte Scheu ab.

Es war ein glänzendes Fest, wie es nur reiche Leute geben können; die Eltern der Miesmuschel waren eben Millionäre und hatten sogar ein Meerleuchten bestellt.

Vier lange Austernbänke waren gedeckt. — Eine volle Stunde wurde schon getafelt, und immer kamen noch neue Leckerbissen. Dazu kredenzte der Barsch unablässig aus einem schimmernden Pokal (natürlich die Öffnung nach unten) hundertjährige Luft, die aus der Kabine eines Wracks stammte.

Alles war bereits angeheitert. — Die Toaste auf die Miesmuschel und ihren Bräutigam gingen in dem Knallen der Korkpolypen und dem Klappern der Messermuscheln völlig unter.

Das Seepferd und die Seerose saßen am äußersten Ende der Tafel, ganz im Schatten, und achteten in ihrem Glück kaum der Umgebung.

„Er" drückte „ihr" zuweilen verstohlen den einen oder anderen Fühler, und sie lohnte ihm dafür mit einem Glutblick.

Als am Ende des Mahles die Kapelle das schöne Lied spielte:

„Ja küssen —
scherzen
mit jungen Herrn
ist selbst bei Frauen
sehr modern,"

und sich dabei die Tischnachbarn der beiden verschmitzt zublinzelten, da konnte man sich dem Eindruck nicht verschließen, daß die allgemeine Aufmerksamkeit hier allerlei zarte Beziehungen mutmaßte.

---

# Bocksäure

Malaga ist wunderschön.

Aber heiß.

Die Sonne prasselt den ganzen Tag auf die steilen Hügel und reift den Wein, der auf natürlichen Terrassen wächst.

— — — — — — — — — — —

In der Ferne auf blauem, stillem Meer die weißen Segel, sie ziehen wie Möwen. — — —

Die dicken Mönche dort oben im Kloster Alkazaba sind stolz geworden und reich — vom Guindre, den nur Herzöge trinken.

Wer kennt nicht den Guindre vom Kloster Alkazaba?! — — So feurig, so süß, so schwer; — — man spricht von ihm in ganz Spanien.

Doch nur die Erlesenen des Landes gießen ihn in die schimmernden Gläser; ist er doch kostbar gleich trinkbarem Gold.

Weiß steht das Kloster in den nachtblauen Schatten, hoch über der Stadt von blendenden Strahlen beschienen.

Vor Jahren waren die Brüder so arm, daß sie betteln gingen und die Malagueños segneten, die ihnen spärliche Almosen gaben: Milch, Gemüse, Eier.

Dann kam der neue Abt Padre Cesáreo Ocáriz, der milde, und brachte das irdische Glück.

Zufrieden und rund wie eine Kugel, verbreitete er frohen Sinn, wohin er ging.

Die schlanken Mädchen aus den Dörfern strömten zu ihm, wenn er die Beichte abnahm. — Wie sie ihn liebten! — Hatte er doch für die heißesten Küsse so milde Buße. — — — — — — — — — — —

— — — — — — — — — — —

— — — Balsa war gestorben, der Weinbauer, und hatte sein kleines Gut, das an den Klostergarten stieß, den Fratres verschrieben, weil ihm der Trost des guten Abtes die letzten Stunden gar so leicht gemacht. — — — — —

Padre Ocáriz segnete des Toten Vermächtnis. — Er schlug die Heilige Schrift auf und wies den Mönchen das Gleichnis vom Weinberg. — Und die Brüder gruben und gruben, daß die Schollen schwarz glänzten in dem glühenden Sonnenlicht und die Eseltreiber auf den staubigen Wegen verwundert stehen blieben.

— — — Ja, damals ging es noch, da waren die Fratres noch mager und jung, und ihre emsigen Hände achteten nicht der schmerzenden Schwielen.

Im Schatten saß der Abt in seinem alten Lehnstuhl und warf Brotkrumen den hellen Tauben zu, die in den Klosterhof geflogen kamen.

Sein rundes, rotes Gesicht glänzte zufrieden und nickte ermunternd, wenn einer der Fleißigen innehielt und sich den Schweiß von der Stirne wischte. — Zuweilen klatschte er auch drohend in die fleischigen Hände, hatte sich irgendein spanischer Lausbub zu nahe an die Gartenhecke gewagt.

— — — Und war die Vesperglocke verklungen, und wehte die Abendbrise ihren kühlen milden Segen her vom Meere, saß er oft noch lange unter dem Maulbeerbaum und sah hinaus auf die spielenden Wellen da unten in der Bucht.

Wie die sinkenden Strahlen der Sonne an die flimmernden Kämme sich schmiegen, sich ihnen vermischen zu leuchtendem Schaum — da wird es so friedvoll, und die dunkelnden Täler warten und schweigen. — — —

Dann ließ er sich wohl auch den alten Manuel kommen, den Gärtner des Kaufherrn Otero, der die Geheimnisse des Weinbaues kannte wie kein zweiter im Lande, und hörte ihm zu. — Und die Blätter des Maulbeerbaums rauschten besorgt, als wollten sie die leisen Worte verwehen, daß sie kein Unberufener hörte.

Kopfschüttelnd vernahm da der gute Abt, daß man verwitterte Lederstücke, je schmutziger desto besser, in den gärenden Most tun müsse, um das Aroma zu erhöhen, und sah dem Alten forschend in das gefurchte Gesicht, ob er auch die Wahrheit spräche.

Wurde es dunkel und war die Sonne hinter den grünen Hügeln versunken, so sagte er einfach: „Gehe nun heim, mein Sohn, ich danke dir. Siehe, da fliegen schon die Schwalben des Teufels.“ Damit meinte er die Fledermäuse, die er nicht leiden konnte. „Und der Segen der Jungfrau sei auf deinen Wegen.“

— — — — — — — — — — —

Dann kam die blaue schweigende Nacht mit ihren tausend freundlichen Augen, und Funken glommen im schlummernden Hafen.

— — — — — — — — — — —

Schwer hingen die Trauben an den Stöcken, jahraus, jahrein.

Wie der junge stürmische Wein im Keller tobte, als müsse er fort aus dem Dunkel, hinaus ins Freie, wo er geboren! — — — — —

— — — Es waren bloß wenige Fässer, und die Mönche murrten, daß die Früchte der harten Arbeit so spärlich seien. — — —

— — — Padre Cesáreo Ocáriz sagte kein Wort, schmunzelte nur listig, wenn das Botenweib kam und die Briefe der Kaufherren brachte, — blaue, rote, grüne, — mit Wappen und krauser Schrift aus allen Gegenden Spaniens.

Als aber ein Sendschreiben eintraf vom Hofe, mit dem Siegel des Königs, da blieb es kein Geheimnis mehr: der Klosterwein von Alkazaba war die Perle von Malaga geworden. — Wie den Purpur des Altertums — kostbar — wog man ihn mit Gold auf, und sein Duft wurde gepriesen in Lied und Sang.

Herrscher tranken ihn und hohe Frauen — und küßten die Tropfen vom Rande des Bechers.

Der Reichtum zog ins Kloster, und wie der Keller sich leerte vom Wein, füllten sich die Schreine mit prunkenden Schätzen.

Die herrliche Kapelle entstand an Stelle der alten, und eine mächtige silberne Glocke „del Espiritu Santo" sang das Lob des Herrn, daß es in heiliger Weihe über den Tälern klang.

— — — Die Fratres sahen freundlich, wurden dick und rund und saßen gemächlich auf den steinernen Bänken.

Mit dem Graben war es schon lange nichts mehr.

Doch die Trauben wuchsen nach wie vor — ganz wie von selbst. Und das war den Mönchen recht.

Die aßen und tranken; nur einmal im Jahre zogen sie — wie zum Feste — mit ihrem Abt in den Keller, wenn der Most gärte, und sahen blinzelnd zu, wie er in jedes Faß einen halben alten Stiefel warf. — Das war das ganze Geheimnis, wie sie meinten, und sie freuten sich mit dem frommen Alten, der für diesen feierlichen Moment immer seine eigenen Schuhe sorgfältig aufhob und sie selber zerschnitt.

— — — Der greise Manuel hatte ihnen wohl oft erklärt, daß es eigentlich ein Wunder sei, daß das Leder allein die Ursache der so besonderen Güte des Weins nicht sein könne. Leder lege doch jeder dritte Weinbauer in Malaga in seinen Most, während er gäre. — Es müsse also wohl nur der segensreiche Boden des Erbstückes sein.

Aber was kümmerte all das die Brüder: — die Sonne schien, die Trauben wuchsen, und der Hoflieferant aus Madrid kam pünktlich Jahr für Jahr, holte die Fässer und brachte das Geld.

— — — — — — — — — — — — — —

— — — An einem klaren Herbsttage war Padre Ocáriz in seinem Sessel unter dem Maulbeerbaum eingeschlafen und nicht mehr aufgewacht.

Im Tale unten läuten die Glocken. —

Jetzt ruht er draußen im Acker Gottes. —

Ein grünes, schlichtes, kühles Erdenbett! —

Neben den toten Äbten schläft er nun. — — Und die maurische Ruine auf dem Gipfel des Hügels wirft ihren stillen, ehrwürdigen Schatten auf sein Grab. — Viele kleine dunkelblaue Blumen und eine schmale Steintafel: „*Requiescat in pace.*“

— — — — — — — — — — — — — —
— — — — — — — — — — — — — —

Der Kardinal von Saragossa hat einen jungen Abt geschickt.

Padre Ribas Sobri.

Ein sehr gelehrter Mann von tiefem Wissen — erzogen in den Schulen der Fratres vom Herzen Jesu.

Mit festem stechenden Blick — hager und willensstark.

Vorbei sind die Zeiten süßen Nichtstuns — die Knechte entlassen —, und ächzend bücken sich wieder die feisten Mönche bei der Weinlese. — Tief in die Nacht müssen sie auf den Knien liegen und beten, beten.

Im Kloster herrscht die strenge Observanz: — bleiernes Schweigen. — Gesenkten Hauptes, aufrecht stehend, mit gefalteten Händen üben murmelnd die Fratres die „Anmutungen“:

*Non est sanitas in carne mea a facie irae tuae: non est pax ossibus meis a facie peccatorum meorum.*

Auf dem Hofe wächst das Gras zwischen den Steinen, und die weißen Tauben sind fortgeflogen. Aus kahlen Zellen dringt die gramvolle „Betrachtung der Strafen“:

*Unusquisque carnem brachii sui vorabit.*

Wenn der kalte Morgen schimmert, siehst du die dunkeln Gestalten zur Kapelle ziehen, und summende Stimmen beten bei flackerndem Kerzenschein das Salve Regina.

— — — — — — — — — — —

Die Weinlese ist vorüber. — Streng befolgt Don Pedro Ribas Sobri die Rezepte seines toten Vorgängers: seine eigenen Schuhe wirft er in die offenen Fässer, genau wie jener. — — Es hallt in dem gewölbten Keller, wie der süße Wein gärt und kämpft.

Der König wird zufrieden sein mit dem Guindre.

— — — — — — — — — — —

Die schönen Mädchen kommen nicht mehr und beichten nicht mehr. — Sie fürchten sich.

Schwer lastet die Scheu — wortlos wie der mürrische Winter, der seine harten Hände auf die toten Fluren legt. — — — — Und der Frühling zieht vorüber und der tanzende junge Sommer — — und locken umsonst.

Verdrossen laden die Maultiertreiber um halben Lohn die schweren Fässer in die Leiterkarren.

— — — — — — — — — — —

Don Pedro Ribas liest und zieht finster die Stirn: „— der ehrwürdige Vater muß sich wohl geirrt und anderen Wein geschickt haben. — Das sei doch nicht der alte Guindre — gewöhnlicher >*Dulce del Color*<, wie jede andere Sorte aus Malaga," schreibt man aus der Hauptstadt.

Täglich kommen die Sendungen zurück. Volle Fässer. Aus Lissabon, aus Madrid, aus Saragossa. — — —

Der Abt kostet — kostet — und vergleicht. Kein Zweifel — es fehlt der fremdartige würzige Duft.

Man holt den greisen Manuel — der prüft und zuckt traurig die Achseln.

Ja, ja, der gute, alte Don Cesáreo, der hatte eine glückliche Hand; mehr Segen als der junge Padre. — Doch das darf man nicht laut sagen; — die Mönche raunen es einander zu.

— — — — — — — — — — —

Don Pedro sitzt Nacht um Nacht in seiner Zelle bei seltsamen Retorten, und der Kerzenschein wirft den Schatten seines scharf geschnittenen Profils an die kalkweiße Wand. — Seine langen mageren Finger hantieren an funkelnden Gläsern mit häßlichen, dünnen Hälsen. — Abenteuerliche Werkzeuge und Kolben stehen umher. — Ein spanischer Alchimist!

Vergessen die Observanz — — — die ermatteten armen Mönche schlafen tief und fest. — — — —

Das tut nicht gut! — Mit weißen Pulvern und den gelben beißenden Wässern Luzifers findest du nicht, was die schweigsame Natur in verschlossene Bücher schrieb mit heimlichem Finger. — — —

Die Herzöge werden ihn wohl nie mehr trinken, den herrlichen, duftenden Guindre! — — —

Wieder stehen die Fässer in Reih und Glied mit gärendem Moste gefüllt. In jedem Gebinde ein anderer zerschnittener Stiefel — der von dem dicken Bruder Theodosio — dort einer selbst vom alten Manuel.

Vom toten Abt noch einer dort im Fasse links in der Ecke. — — — — — — — —

Und wieder kommt das andere Jahr, man kostet und prüft: gut ist der Wein, aber Guindre ist es nicht; — ein Faß nur birgt solchen.

Das in der Ecke mit dem Schuh des alten Abtes.

Das schicket dem König! — — — — —

Pedro Ribas Sobri ist ein willensstarker Mann, der nicht aufhört zu suchen, zu prüfen, zu vergleichen. — Er sagt, jetzt endlich kenne er das Geheimnis. — Die Mönche schweigen und zweifeln. — Sie fragen nicht und tun blind, was ihr Abt befiehlt, — sie kennen seine eiserne Strenge.

Manuel schüttelte den Kopf.

— — — — — — — — — — —

Die Knechte sind wieder in Diensten des Klosters, graben und wenden die schwarzen Schollen und schneiden den Weinstock, daß die Fratres keinen Finger rühren sollen, wieder feist und rund werden, wie ehedem.

So will es der Abt.

— — — Wenn die glühenden Strahlen der Sonne unbarmherzig den Klosterhof von Alkazaban sengen, daß der Maulbeerbaum lechzend die Zweige hängt, stehen die braunen Mädchen in den farbigen Mantillas an der Hecke und recken den Hals und kichern.

— — — In langer Reihe müssen die armen Mönche auf hölzernen Bänken liegen — schwitzend — mit schweren wollenen Kutten in der quälenden Glut — die dicken Füße in hohe Stiefel gesteckt und mit breitem Band aus Gummistoff umflochten. — —

Denn Pedro Ribas Sobri hat sich gelobt, den Guindre wieder zu finden; er ist ein willensstarker Mann, der nicht aufhört zu suchen, zu prüfen, zu vergleichen.

Ich aber sage, es ist alles umsonst, wenn der Wein auch besser wird: dem alten Abt tut es doch keiner mehr gleich.

# Das Fieber

Alchimist: Wer bist du, trübes Ding im Glase hier, sag an. Der Stoff in der Retorte: *Ater corvus sum.*

Es war einmal ein Mann, den verdroß die Welt so sehr, daß er beschloß, im Bette liegen zu bleiben. Jedesmal, wenn er aufwachte, wälzte er sich auf die andere Seite, und so gelang es ihm, jedesmal noch ein bißchen weiterzuschlafen.

Aber eines Tages ging es durchaus nicht mehr. Es ging nicht mehr und ging nicht mehr.

Da lag der Mann im Bette und blieb ganz unbeweglich, aus Furcht, es werde ihn frösteln, wenn er seine Lage verändere.

Von seinem Kopfkissen aus war er gezwungen, durch das Fenster ins Freie zu sehen, und eben jetzt, wo er ganz ausgeschlafen war, ging es dem Sonnenuntergang zu.

Eine breite, goldgelbe Wunde klaffte quer über den Himmel unter einem dunkeln Wolkenkopf hervor.

Es geht nicht an, gerade um diese unglückselige Stunde herum aufzustehen, sagte der Mann zähneklappernd — und fürchtete sich noch mehr vor dem Frösteln als vorher — auch für einen, den das Leben nicht so verdrießt, wie mich.

Elend stierte er wieder in das Abendgelb unter dem glimmenden Nebelsaum.

Eine schwarze Wolke hatte sich losgetrennt, wie ein geschwungener Flügel geformt, mit befiedertem Rand.

Da kroch langsam im Hirn des Mannes — mit den flaumigen Umrissen eines pelzigen Muffs eine Erinnerung an einen Traum aus ihrer Höhle heraus. An einen Traum von einem Raben, der ein Herz ausgebrütet.

Und die ganze Zeit seines Schlafes über hatte er sich mit diesem Traum herumgeschlagen. Dessen war sich der Mann jetzt deutlich bewußt.

Ich muß es herausbekommen, wem dieser Flügel gehört, sagte er, stieg im Hemd aus dem Bett — und die Treppe hinunter auf die Straße. Immer weiter ging er so, immer dem Sonnenuntergang zu.

Die Leute aber, denen er begegnete, raunten: „Pst, pst, leise, leise, er träumt doch alles bloß!"

Nur der beeidete Hostienbäcker Vrieslander glaubte sich einen Spaß machen zu dürfen. Er stellte sich ihm in den Weg, spitzte den Mund und machte runde Augen wie ein Fisch. Sein dünner Schneiderbart schien noch gespenstischer als sonst. Mit den magern Armen und Fingern machte er eine verrenkte sinnlose Geste und verdrehte die Beine ganz seltsam. „Ssst, ssst, nur gemach, hörst du," flüsterte er dem Manne giftig zu, „ich bin das Kichern, weißt du, das Kich..." und schnellte plötzlich das spitze Knie zur Brust empor, riß den Mund auf und wurde bleifarben im Gesicht, als habe ihn mitten in seiner tänzelnden Stellung der Tod ereilt.

Dem Manne im Hemde sträubte sich das Haar vor Grauen, und er lief aus der Stadt hinaus. — — Über Wiesen und Stoppelfelder, immer dem Sonnenuntergange zu, und immer mit bloßen Füßen.

Zuweilen trat er auf einen Frosch.

— — — — Erst in der Nacht, als sich längst der glühende Riß am Himmel wieder geschlossen, erreichte er die weiße, langgestreckte Mauer, hinter der der Wolkenfittich verschwunden war.

Er setzte sich auf einen kleinen Hügel. Ich bin hier auf dem Friedhof, je nun, sagte er sich und sah um sich, je nun, das kann ein arger Kitsch werden. Aber ich muß doch erfahren, wem der Flügel eigentlich gehört!

Als die Nacht vorrückte, wurde ihr Schein allmählich heller, und der Mond kroch langsam über die Mauer. Eine gewisse Art dämmernden Erstaunens legte sich an den Himmel.

Wie der Mondglanz grell auf den Flächen schwamm, schlüpften hinter den Grabsteinen, an den Seiten, die dem Licht abgewandt waren, blauschwarze Vögel aus der Erde und flogen lautlos in Scharen auf die kalkbetünchte Mauer.

Dann lag eine lange Zeit eine leichenhafte Unbeweglichkeit auf allem.

Es ist der dunkle Wald in der Ferne, der aus den Nebeln taucht, natürlich, und in der Mitte der runde Kopf: das ist der Hügel mit seinen Bäumen, träumte der Mann im Hemde, doch als seine Augen schärfer sahen, da war es ein riesiger Rabe, der mit ausgespannten Schwingen auf der anderen Mauer saß.

Ah, der Flügel — besann sich der Mann und war sehr zufriedengestellt, der Flügel — — — Und der Vogel brüstete sich: „Ich bin der Rabe, der die Herzen ausbrütet. Wenn einem Menschen ein Sprung am Herzen geschieht, so fahren sie ihn schnell heraus zu mir." Dann flog er von der Mauer herab auf einen Marmorstein, und der Wind von seinem Flügelschlag roch wie verwelkte Blumen.

Unter dem Marmorstein aber lag einer seit heute morgen bei seiner Familie.

Der Mann im Hemde buchstabierte einen Namen und wurde sehr neugierig, was für ein Vogel aus diesem gesprungenen Herzen kriechen werde, denn der Verstorbene war ein bekannter Menschenfreund gewesen, hatte sein ganzes Leben für Aufklärung gewirkt, nur Gutes getan und gesprochen, die Bibel gereinigt und erhebende Bücher geschrieben. Seine Augen schlicht und ohne Falsch — wie Spiegeleier, — stets hatten sie Wohlwollen gestrahlt im Leben, und auch jetzt noch im Tode stand:

„Üb immer Treu und Redlichkeit
bis an dein kühles Grab
und weiche keinen Finger breit
vom Weg des Rechten ab"

in goldenen Lettern auf seiner Gruft.

Der Mann im Hemde war sehr gespannt. Aus dem Grabe drang leises Knistern, wie sich der junge Vogel aus dem Herzen löste — und da flog's auch schon — pechschwarz — mit Gekrächz hinauf zu den andern auf die Mauer.

„Das war aber doch wirklich vorauszusehen; — oder? Haben Euer Liebden vielleicht ein Rebhuhn erwartet?" spottete der Rabe.

„Etwas Weißes hat er doch," sagte der Mann verbissen, und meinte damit eine leichte helle Feder, die deutlich abstand.

Der Rabe lachte. „Der Gänseflaum? — Der ist doch nur angeklebt. Vom Daunenkissen, worauf der Tote immer schlief!" und weiter flog er von Grab zu Grab und brütete da und brütete dort, und überall wurde es flügge und kam schwarz aus dem Boden geflattert.

„Alle, alle sind sie schwarz?" fragte der Mann beklommen nach einer Weile.

„Alle, alle sind sie schwarz!" brummte der Rabe.

Da bereute der Mann im Hemde, daß er nicht in seinem Bette geblieben war.

Und wie er empor zum Himmel blickte, standen die Sterne voll Tränen und blinzelten. Nur der Mond glotzte vor sich hin und begriff nicht.

Auf einem Kreuz aber saß mit einemmal regungslos ein Rabe, der glänzte schneeweiß. Und es schien, als käme all der Schimmer der Nacht von ihm. Der Mann sah ihn erst, als er zufällig den Kopf nach ihm wandte. Auf dem

Kreuz die Inschrift nannte den Namen eines, der war ein Müßiggänger gewesen ein Leben lang.

Der Mann im Hemde kannte ihn gut. Und er sann lange nach.

„Welche Tat hat denn sein Herz so weiß gemacht?“ fragte er endlich.

Der schwarze Rabe aber war mürrisch und mühte sich unablässig, über seinen eigenen Schatten zu springen.

„Welche Tat, welche Tat, welche Tat?“ quälte der Mann ruhelos.

Da fuhr der Rabe zornig auf: „Glaubst du, Taten können weiß machen? Du... Du... kannst ja nicht einmal eine Tat tun! — Eher spränge ich noch über meinen Schatten. Der morsche Hampelmann auf dem kleinen Grab — siehst du ihn? er gehörte einst dem Kinde dort unten — der morsche Hampelmann glaubte auch eine lange Zeit, er fuchtle in der Welt herum. Weil er die Schnüre nicht sah, an denen er hing, und es nicht wahr haben wollte, daß ein Kind mit ihm spiele. Und du!? Und du!? Was glaubst du wohl, wird mit dir sein, wenn das — — >Kind< ein anderes Spielzeug sucht! — Wirst alle viere von dir strecken und ver— — —“, der Rabe blinzelte listig zur Mauer hin, — „und ver— — —“

„— — —recken!“ krächzte die Rabenschar, fröhlich, daß sie auch einmal dran kam.

Da erschrak der Mann im Hemde ganz außerordentlich.

„Und was denn sonst hat sein Herz so weiß gemacht? Hörst du denn nicht — was denn sonst hat sein Herz so weiß gemacht?“ fragte er.

Unschlüssig trat der Rabe von einem Bein aufs andere: „Es muß wohl die Sehnsucht gewesen sein. Die Sehnsucht nach etwas Verborgenem, das ich nicht kenne und auf der Erde nirgends gefunden habe. Wir alle sahen seine Sehnsucht wachsen wie ein Feuer und begriffen es nicht; — es verbrannte sein Blut und endlich sein Hirn — — wir begriffen es nicht — —“

Den Mann im Hemde faßte es eiskalt an: — — — — Es Schien Das Licht In Der Finsternis, Und Die Finsternisse Haben Es Nicht Begriffen — —!

— — — „ja, wir begriffen es nicht,“ fuhr der Rabe fort, „doch einer der gigantischen schimmernden Vögel, die im Weltenraume unbeweglich schweben seit Anbeginn, erspähte die flammende Lohe und stieß herab. — Wie Weißglut. Und er hat auf jenes Menschen Herz gebrütet Nacht um Nacht.“

Scharfe Bilder traten dem Mann im Hemde vor das Auge, Bilder, die in seinem Gedächtnis nicht hatten sterben können — Geschehnisse im

Schicksal des Müßiggängers, die immer noch von Mund zu Mund gingen unter den Leuten: — Er sah jenen Menschen unter dem Galgen stehen — — der Henker zog ihm die leinene Maske übers Gesicht — — die Feder, die das Brett unter den Füßen des armen Sünders kippen sollte, weigerte sich — da führten sie ihn weg und rückten das Brett zurecht.

Und wieder ordnete der Henker die leinene Maske — — und wieder versagte die Feder. Und als nach einem Monat abermals der Mensch dort stand, die leinene Maske über den Augen — — da brach die Feder.

Die Richter aber ergrimmten und bissen die Zähne zusammen über — — den Zimmermann, der den Galgen so schlecht gezimmert hatte.

— — — — — — — — — — —

Dann verschwand die Vision. —

„Und was ist aus dem Menschen geworden?" fragte voll Grauen der Mann im Hemde.

„Ich habe sein Fleisch gefressen und seine Gebeine, die Erde ist kleiner geworden um das Stück, das sein Leib groß war," sagte der weiße Rabe.

„Ja, ja," flüsterte der schwarze, „sein Sarg ist leer, er hat das Grab betrogen."

— — Das hörte der Mann, und sein Haar sträubte sich, er zerriß sein Hemd über der Brust und lief hin zu dem weißen Vogel, der auf dem Kreuze saß: „Brüte mein Herz, brüte mein Herz! Mein Herz ist voll Sehnsucht — — —!"

Doch der schwarze Rabe warf ihn mit den Schwingen zur Erde und setzte sich schwer auf ihn — — die Luft roch nach sterbenden Blumen — — „Daß Euer Liebden nur nicht irren: Gier und nicht Sehnsucht schläft in Euer Liebden Herz! Ja, das möchte mancher gerne probieren vor dem Kre— — —," listig blinzelte er zur Mauer hin, „— vor dem Kre— — —?"

„— — —pieren!" pfiff die Rabenschar, entzückt, daß sie schon wieder dran kam.

— Die Hitze seines Leibes ist fremdartig und erregend wie das Fieber, fühlte der Mann, dann zerflatterte sein Bewußtsein.

Als er nach langem Schlaf erwachte, da stand der Mond gerade im Zenit und starrte ihm ins Gesicht.

Der Glanz hatte die Schatten getrunken und troff an den Steinen herab von allen Seiten.

Die schwarzen Raben waren fortgeflogen.

Noch hatte der Mann ihr hämisches Gekrächz in den Ohren und verdrossen stieg er über die Mauer in sein Bett.

Schon stand da auch im schwarzen Rock der Herr Medizinalrat, faßte seinen Puls, schloß die Augen hinter der goldenen Brille und babbelte lang und unhörbar mit der Unterlippe. Suchte dann umständlich in seinem Taschenbuch und schrieb auf einen Zettel heraus:

| *Rp:* | |
|---|---|
| *Cort. chin. reg. rud. tus* | *ʒß* |
| *coque c. suff. quant. vini rubri, per horam* | *j* |
| *ad colat* | *ʒviij* |
| *cum hac inf. herb. abs.*<br>*postea solve* | *ʒj* |
| *acet. lix*<br>*tunc adde* | *ʒj* |
| *syr. cort. aur*<br>*M. d. ad*<br>*vitr. s.* | *ʒß* |

3 mal täglich ein Eßlöffel.

Und als er damit fertig war, schritt er mit Weihe zur Türe, sah noch einmal zurück und sagte geheimnisvoll, den Zeigefinger würdig erhoben: „Gögön das Fübör, gögön das Fübör.“

# Der violette Tod

Der Tibetaner schwieg.

Die magere Gestalt stand noch eine Zeitlang aufrecht und unbeweglich, dann verschwand sie im Dschungel.

Sir Roger Thornton starrte ins Feuer: Wenn er kein Sannyasin — kein Büßer — gewesen wäre, der Tibetaner, der überdies nach Benares wallfahrtete, so hätte er ihm natürlich kein Wort geglaubt — aber ein Sannyasin lügt weder, noch kann er belogen werden.

Und dann dieses tückische, grausame Zucken im Gesichte des Asiaten!?

Oder hat ihn der Feuerschein getäuscht, der sich so seltsam in den Mongolenaugen gespiegelt?

Die Tibetaner hassen den Europäer und hüten eifersüchtig ihre magischen Geheimnisse, mit denen sie die hochmütigen Fremden einst zu vernichten hoffen, wenn der große Tag heranbricht.

Einerlei, er, Sir Hannibal Roger Thornton, muß mit eigenen Augen sehen, ob okkulte Kräfte tatsächlich in den Händen dieses merkwürdigen Volkes ruhen. Aber er braucht Gefährten, mutige Männer, deren Wille nicht bricht, auch wenn die Schrecken einer anderen Welt hinter ihnen stehen.

Der Engländer musterte seine Gefährten: — Dort der Afghane wäre der einzige, der in Betracht käme von den Asiaten — furchtlos wie ein Raubtier, doch abergläubisch!

Es bleibt also nur sein europäischer Diener.

Sir Roger berührt ihn mit seinem Stock. — Pompejus Jaburek ist seit seinem zehnten Jahre völlig taub, aber er versteht es, jedes Wort, und sei es noch so fremdartig, von den Lippen zu lesen.

Sir Roger Thornton erzählt ihm mit deutlichen Gesten, was er von dem Tibetaner erfahren: Etwa zwanzig Tagereisen von hier, in einem genau bezeichneten Seitentale des Himavat, befinde sich ein ganz seltsames Stück Erde. — Auf drei Seiten senkrechte Felswände; — der einzige Zugang abgesperrt durch giftige Gase, die ununterbrochen aus der Erde dringen und jedes Lebewesen, das passieren will, augenblicklich töten. — In der Schlucht selbst, die etwa fünfzig englische Quadratmeilen umfaßt, solle ein kleiner Volksstamm leben — mitten unter üppigster Vegetation —, der der tibetanischen Rasse angehöre, rote, spitze Mützen trage und ein bösartiges satanisches Wesen in Gestalt eines Pfaues anbete. — Dieses teuflische Wesen habe die Bewohner im Laufe der Jahrhunderte die schwarze Magie gelehrt und ihnen Geheimnisse geoffenbart, die einst den ganzen Erdball umgestalten sollen; so habe es ihnen auch eine Art Melodie beigebracht, die den stärksten Mann augenblicklich vernichten könne.

Pompejus lächelte spöttisch.

Sir Roger erklärt ihm, daß er gedenke, mit Hilfe von Taucherhelmen und Tauchertornistern, die komprimierte Luft enthalten sollen, die giftigen Stellen zu passieren, um ins Innere der geheimnisvollen Schlucht zu dringen.

Pompejus Jaburek nickte zustimmend und rieb sich vergnügt die schmutzigen Hände.

— — — — — — — — — — —

Der Tibetaner hatte nicht gelogen: dort unten lag im herrlichsten Grün die seltsame Schlucht; ein gelbbrauner, wüstenähnlicher Gürtel aus lockerem, verwittertem Erdreich — von der Breite einer halben Wegstunde — schloß das ganze Gebiet gegen die Außenwelt ab.

Das Gas, das aus dem Boden drang, war reine Kohlensäure.

Sir Roger Thornton, der von einem Hügel aus die Breite dieses Gürtels abgeschätzt hatte, entschloß sich, bereits am kommenden Morgen die Expedition anzutreten. — Die Taucherhelme, die er sich aus Bombay hatte schicken lassen, funktionierten tadellos.

Pompejus trug beide Repetiergewehre und diverse Instrumente, die sein Herr für unentbehrlich hielt.

Der Afghane hatte sich hartnäckig geweigert mitzugehen und erklärt, daß er stets bereit sei, in eine Tigerhöhle zu klettern, sich es aber sehr überlegen werde, etwas zu wagen, was seiner unsterblichen Seele Schaden bringen könne. — So waren die beiden Europäer die einzigen Wagemutigen geblieben.

— — — — — — — — — — —

Die kupfernen Taucherhelme funkelten in der Sonne und warfen wunderliche Schatten auf den schwammartigen Erdboden, aus dem die giftigen Gase in zahllosen, winzigen Bläschen aufstiegen. — Sir Roger hatte einen sehr schnellen Schritt eingeschlagen, damit die komprimierte Luft ausreiche, um die gasige Zone zu passieren. — Er sah alles vor sich in schwankenden Formen wie durch eine dünne Wasserschicht. — Das Sonnenlicht schien ihm gespenstisch grün und färbte die fernen Gletscher — das „Dach der Welt“ mit seinen gigantischen Profilen — wie eine wundersame Totenlandschaft.

Er befand sich mit Pompejus bereits auf frischem Rasen und zündete ein Streichholz an, um sich vom Vorhandensein atmosphärischer Luft in allen

Schichten zu überzeugen. — Dann nahmen beide die Taucherhelme und Tornister ab.

Hinter ihnen lag die Gasmauer wie eine bebende Wassermasse. — In der Luft ein betäubender Duft wie von Amberiablüten. Schillernde handgroße Falter, seltsam gezeichnet, saßen mit offenen Flügeln wie aufgeschlagene Zauberbücher auf stillen Blumen.

Die beiden schritten in beträchtlichem Zwischenraume voneinander der Waldinsel zu, die ihnen den freien Ausblick hinderte.

Sir Roger gab seinem tauben Diener ein Zeichen — er schien ein Geräusch vernommen zu haben. — Pompejus zog den Hahn seines Gewehres auf.

Sie umschritten die Waldspitze, und vor ihnen lag eine Wiese. — Kaum eine viertel englische Meile vor ihnen hatten etwa hundert Mann, offenbar Tibetaner, mit roten spitzen Mützen einen Halbkreis gebildet: — man erwartete die Eindringlinge bereits. — Furchtlos ging Sir Roger — einige Schritte seitlich vor ihm Pompejus — auf die Menge zu.

Die Tibetaner waren in die gebräuchlichen Schaffelle gekleidet, sahen aber trotzdem kaum wie menschliche Wesen aus, so abschreckend häßlich und unförmlich waren ihre Gesichter, in denen ein Ausdruck furchterregender und übermenschlicher Bosheit lag. — Sie ließen die beiden nahe herankommen, dann hoben sie blitzschnell, wie ein Mann, auf das Kommando ihres Führers die Hände empor und drückten sie gewaltsam gegen ihre Ohren. — Gleichzeitig schrien sie etwas aus vollen Lungen.

Pompejus Jaburek sah fragend nach seinem Herrn und brachte die Flinte in Anschlag, denn die seltsame Bewegung der Menge schien ihm das Zeichen zu irgendeinem Angriff zu sein. — Was er nun wahrnahm, trieb ihm alles Blut zum Herzen:

Um seinen Herrn hatte sich eine zitternde wirbelnde Gasschicht gebildet, ähnlich der, die beide vor kurzem durchschritten hatten. — Die Gestalt Sir Rogers verlor die Konturen, als ob sie von dem Wirbel abgeschliffen würden, — der Kopf wurde spitzig — die ganze Masse sank wie zerschmelzend in sich zusammen, und an der Stelle, wo sich noch vor einem Augenblick der sehnige Engländer befunden hatte, stand jetzt ein hellvioletter Kegel von der Größe und Gestalt eines Zuckerhutes.

Der taube Pompejus wurde von wilder Wut geschüttelt. — Die Tibetaner schrien noch immer, und er sah ihnen gespannt auf die Lippen, um zu lesen, was sie eigentlich sagen wollten.

Es war immer ein und dasselbe Wort. — Plötzlich sprang der Führer vor, und alle schwiegen und senkten die Arme von den Ohren. — Gleich

Panthern stürzten sie auf Pompejus zu. — Dieser feuerte wie rasend aus seinem Repetiergewehr in die Menge hinein, die einen Augenblick stutzte.

Instinktiv rief er ihnen das Wort zu, das er vorher von ihren Lippen gelesen hatte: „Ämälän —. Äm—mä—län," brüllte er, daß die Schlucht erdröhnte wie unter Naturgewalten.

Ein Schwindel ergriff ihn, er sah alles wie durch starke Brillen, und der Boden drehte sich unter ihm. — Es war nur ein Moment gewesen, jetzt sah er wieder klar.

Die Tibetaner waren verschwunden — wie vorhin sein Herr —; nur zahllose violette Zuckerhüte standen vor ihm.

Der Anführer lebte noch. Die Beine waren bereits in bläulichen Brei verwandelt, und auch der Oberkörper fing schon an zu schrumpfen — es war, als ob der ganze Mensch von einem völlig durchsichtigen Wesen verdaut würde. — Er trug keine rote Mütze, sondern ein mitraähnliches Gebäude, in dem sich gelbe lebende Augen bewegten.

Jaburek schmetterte ihm den Flintenkolben an den Schädel, hatte aber nicht verhindern können, daß ihn der Sterbende mit einer im letzten Moment geschleuderten Sichel am Fuße verletzte.

Dann sah er um sich. — Kein lebendes Wesen weit und breit.

Der Duft der Amberiablüten hatte sich verstärkt und war fast stechend geworden. — Er schien von den violetten Kegeln auszugehen, die Pompejus jetzt besichtigte. — Sie waren einander gleich und bestanden alle aus demselben hellvioletten gallertartigen Schleim. Die Überreste Sir Roger Thorntons aus diesen violetten Pyramiden herauszufinden, war unmöglich.

Pompejus trat zähneknirschend dem toten Tibetanerführer ins Gesicht und lief dann den Weg zurück, den er gekommen war. — Schon von weitem sah er im Gras die kupfernen Helme in der Sonne blitzen. — Er pumpte seinen Tauchertornister voll Luft und betrat die Gaszone. — Der Weg wollte kein Ende nehmen. Dem Armen liefen die Tränen über das Gesicht — Ach Gott, ach Gott, sein Herr war tot. — Gestorben, hier, im fernen Indien! — Die Eisriesen des Himalaja gähnten gen Himmel — was kümmerte sie das Leid eines winzigen pochenden Menschenherzens? — — — — — — —

Pompejus Jaburek hatte alles, was geschehen war, getreulich zu Papier gebracht, Wort für Wort, so wie er es erlebt und gesehen hatte — denn verstehen konnte er es noch immer nicht —, und es an den Sekretär seines Herrn nach Bombay, Adheritollahstraße 17, adressiert. — Der Afghane hatte die Besorgung übernommen. — Dann war Pompejus gestorben, denn die Sichel des Tibetaners war vergiftet gewesen.

„Allah ist das Eins und Mohammed ist sein Prophet," betete der Afghane und berührte mit der Stirne den Boden. — Die Hindujäger hatten die Leiche mit Blumen bestreut und unter frommen Gesängen auf einem Holzstoße verbrannt. — — — —

Ali Murrad Bei, der Sekretär, war bleich geworden, als er die Schreckensbotschaft vernahm, und hatte das Schriftstück sofort in die Redaktion der „Indian Gazette" geschickt.

Die neue Sintflut brach herein.

Die „Indian Gazette", die die Veröffentlichung des „Falles Sir Roger Thornton" brachte, erschien am nächsten Tage um volle drei Stunden später als sonst. — Ein seltsamer und schreckenerregender Zwischenfall trug die Schuld an der Verzögerung:

Mr. Birendranath Naorodjee, der Redakteur des Blattes, und zwei Unterbeamte, die mit ihm die Zeitung vor der Herausgabe noch mitternachts durchzuprüfen pflegten, waren aus dem verschlossenen Arbeitszimmer spurlos verschwunden. Drei bläuliche gallertartige Zylinder standen statt dessen auf dem Boden, und mitten zwischen ihnen lag das frischgedruckte Zeitungsblatt. — Die Polizei hatte kaum mit bekannter Wichtigtuerei die ersten Protokolle angefertigt, als zahllose ähnliche Fälle gemeldet wurden.

Zu Dutzenden verschwanden die zeitunglesenden und gestikulierenden Menschen vor den Augen der entsetzten Menge, die aufgeregt die Straßen durchzog. — Zahllose violette kleinc Pyramiden standen umher, auf den Treppen, auf den Märkten und Gassen — wohin das Auge blickte.

Ehe der Abend kam, war Bombay halb entvölkert. Eine amtliche sanitäre Maßregel hatte die sofortige Sperrung des Hafens, wie überhaupt jeglichen Verkehrs nach außen verfügt, um eine Verbreitung der neuartigen Epidemie, denn wohl nur um eine solche konnte es sich hier handeln, möglichst einzudämmen. — Telegraph und Kabel spielten Tag und Nacht und schickten den schrecklichen Bericht, sowie den ganzen Fall „Sir Roger Thornton" Silbe für Silbe über den Ozean in die weite Welt.

Schon am nächsten Tage wurde die Quarantäne, als bereits verspätet, wieder aufgehoben.

Aus allen Ländern verkündeten Schreckensbotschaften, daß der „violette Tod" überall fast gleichzeitig ausgebrochen sei und die Erde zu entvölkern drohe. Alles hatte den Kopf verloren, und die zivilisierte Welt glich einem riesigen Ameisenhaufen, in den ein Bauernjunge seine Tabakspfeife gesteckt hat.

In Deutschland brach die Epidemie zuerst in Hamburg aus; Österreich, in dem ja nur Lokalnachrichten gelesen werden, blieb wochenlang verschont.

Der erste Fall in Hamburg war ganz besonders erschütternd. Pastor Stühlken, ein Mann, den das ehrwürdige Alter fast taub gemacht hatte, saß früh am Morgen am Kaffeetisch im Kreise seiner Lieben: Theobald, sein Ältester, mit der langen Studentenpfeife, Jette, die treue Gattin, Minchen, Tinchen, kurz alle, alle. Der greise Vater hatte eben die eingelangte englische Zeitung aufgeschlagen und las den Seinen den Bericht über den „Fall Sir Roger Thornton“ vor. Er war kaum über das Wort Ämälän hinausgekommen und wollte sich eben mit einem Schluck Kaffee stärken, als er mit Entsetzen wahrnahm, daß nur noch violette Schleimkegel um ihn herumsaßen. In dem einen stak noch die lange Studentenpfeife.

Alle vierzehn Seelen hatte der Herr zu sich genommen.

Der fromme Greis fiel bewußtlos um.

Eine Woche später war bereits mehr als die Hälfte der Menschheit tot.

Einem deutschen Gelehrten war es vorbehalten, wenigstens etwas Licht in die Vorkommnisse zu bringen. — Der Umstand, daß Taube und Taubstumme von der Epidemie verschont blieben, hatte ihn auf die ganz richtige Idee gebracht, daß es sich hier um ein rein akustisches Phänomen handle.

Er hatte in seiner einsamen Studierstube einen langen wissenschaftlichen Vortrag zu Papier gebracht und dessen öffentliche Verlesung mit einigen Schlagworten angekündigt.

Seine Auseinandersetzung bestand ungefähr darin, daß er sich auf einige fast unbekannte indische Religionsschriften berief — die das Hervorbringen von astralen und fluidischen Wirbelstürmen durch das Aussprechen gewisser geheimer Worte und Formeln behandelten — und diese Schilderungen durch die modernsten Erfahrungen auf dem Gebiete der Vibrations- und Strahlentheorie stützte.

Er hielt seinen Vortrag in Berlin und mußte, während er die langen Sätze von seinem Manuskripte ablas, sich eines Sprachrohres bedienen, so enorm war der Zulauf des Publikums.

Die denkwürdige Rede schloß mit den lapidaren Worten: „Gehet zum Ohrenarzt, er soll euch taub machen, und hütet euch vor dem Aussprechen des Wortes — Ämälän.“

Eine Sekunde später waren wohl der Gelehrte und seine Zuhörer nur mehr leblose Schleimkegel, aber das Manuskript blieb zurück, wurde im Laufe der Zeit bekannt und befolgt und bewahrte so die Menschheit vor dem gänzlichen Aussterben.

Einige Dezennien später, man schreibt 1950, bewohnt eine neue taubstumme Generation den Erdball.

Gebräuche und Sitten anders, Rang und Besitz verschoben. — Ein Ohrenarzt regiert die Welt. — Notenschriften zu den alchimistischen Rezepten des Mittelalters geworfen — Mozart, Beethoven, Wagner der Lächerlichkeit verfallen, wie weiland Albertus Magnus und Bombastus Paracelsus.

In den Folterkammern der Museen fletscht hie und da ein verstaubtes Klavier die alten Zähne.

*

Nachschrift des Autors: Der verehrte Leser wird gewarnt, das Wort „Ämälän" laut auszusprechen.

Auf holzfreies Papier gedruckt